BIBLIOTHÈQUE
DES CHEMINS DE FER

DEUXIÈME SÉRIE

HISTOIRE ET VOYAGES

Les éditeurs de cet ouvrage se réservent le droit de le faire traduire dans toutes les langues. Ils poursuivront, en vertu des lois, décrets et traités internationaux, toutes contrefaçons et toutes traductions faites au mépris de leurs droits.

Le dépôt légal de cet ouvrage a été fait à Paris dans le cours du mois de juin, et toutes les formalités prescrites par les traités ont été remplies dans les divers États avec lesquels la France a conclu des conventions littéraires.

Ch. Lahure, imprimeur du Sénat et de la Cour de Cassation
(ancienne maison Crapelet), rue de Vaugirard, 9.

LA
NOUVELLE-CALÉDONIE

PAR

CH. BRAINNE

VOYAGES — MISSIONS — MŒURS — COLONISATION

(1774 - 1854)

PARIS

LIBRAIRIE DE L. HACHETTE ET Cie

RUE PIERRE-SARRAZIN, N° 14

1854

AVANT-PROPOS.

Au mois de février dernier, le *Moniteur officiel* annonçait que le gouvernement français venait de prendre possession de la Nouvelle-Calédonie. Ce fait a passé presque inaperçu au milieu des événements qui, depuis un an, préoccupent toute l'Europe; il a cependant son importance. Quand nos flottes, rendues aux conquêtes pacifiques, reprendront leurs explorations savantes et les essais de colonisation ajournés, l'attention se portera sur cette colonie nouvelle, qui est aujourd'hui la plus considérable de nos possessions insulaires, et qui est appelée à devenir, comme station maritime ou comme établissement pénitentiaire, le Sydney de la France en Océanie.

La Nouvelle-Calédonie est, après la Nouvelle-Hollande, une des plus grandes îles de l'océan Pacifique[1]. Elle s'étend entre 20° 10′ et 22° 26′ de latitude

---

1. Comme importance, relativement aux autres îles principales du globe, la Nouvelle-Calédonie vient la trente-deuxième. Elle a 11 700 milles carrés d'étendue; la Sicile n'en a que 9,300, et la Corse que 4,000.

méridionale, et entre 161° 35′ et 164° 35′ de longitude orientale du méridien de Paris. Sa longueur est de soixante-quinze à quatre-vingts lieues; sa largeur moyenne est de quinze à dix-huit lieues. On la remarque sur les cartes à sa forme allongée et à sa direction oblique; elle forme avec l'équateur un angle d'environ 40°. Quelques géographes rattachent cette grande île et les archipels qui en dépendent à la Polynésie occidentale; mais le plus grand nombre, se fondant sur la race de ses habitants, la rangent dans la Mélanésie.

La Nouvelle-Calédonie forme un contraste frappant avec les autres îles de l'Océanie qui, en général, sont des terres basses ou n'ont qu'une élévation médiocre. Ses montagnes atteignent près de mille mètres de hauteur perpendiculaire, et, comme elles sont découpées à l'horizon et très-accidentées, elles peuvent s'apercevoir de la pleine mer, par un beau temps, à une distance de dix-huit ou vingt lieues. L'île est entourée, dans presque toute son étendue, de récifs madréporiques qui forment, à quelques lieues de la côte, une ceinture d'écueils presque infranchissable. Ces récifs se prolongent au delà de l'extrémité nord-est, dans une étendue de près de cent lieues.

La Nouvelle-Calédonie est parcourue dans toute sa longueur, du sud-ouest au nord-est, par une chaîne de montagnes qui la sépare en deux versants.

Le versant ouest n'offre guère qu'une plage aride surplombée de montagnes à pic. Les récifs blanchâtres qui se dessinent sur le sombre rideau des forêts et les torrents qui coulent des montagnes en cascades argentées donnent à tout ce côté de l'île un aspect des plus pittoresques. On ne trouve, sur ce littoral, qu'un seul port, le *hâvre Trompeur* ou *port Saint-Vincent*.

Le versant opposé s'abaisse en amphithéâtre jusqu'à la mer, et ses pentes plus douces forment, dit-on, dans l'intérieur, de belles vallées. Mais les bords de la mer, sur toute l'étendue du littoral, n'offrent guère que des mornes incultes couverts d'herbes maigres et sèches. Plusieurs cours d'eau descendent des montagnes : le plus considérable est la rivière du *Diahot*, qui coule du sud au nord. Près de son embouchure elle est, dit-on, aussi large que la Seine. Elle se jette dans la mer à l'extrémité septentrionale de l'île, à quelque distance du hâvre de Balade. La côte est moins dangereuse que celle de l'ouest, et présente plusieurs atterrages faciles. On y compte six ports qui sont fréquemment visités par les baleiniers américains ou par les colons de Sydney, qui viennent y exploiter le bois de sandal ou y pêcher le trépan : ces ports sont, du nord au sud, *Balade*, *Pouébo*, *Yenguène*, *Kuana*, *Kanalah* et *Nakety*.

Balade a été pendant longtemps le seul point de l'île fréquenté par les navires européens. Mais, comme port de commerce, ce hâvre, étant situé à l'extrémité nord de l'île, est trop éloigné du centre de ses productions, malgré l'avantage que lui donne la sûreté du mouillage et la direction constante du vent. Ce point de la côte n'offre d'ailleurs par lui-même aucune ressource commerciale ; il ne peut fournir ni le bois de sandal ni les bois de mâture que l'on trouve à quarante ou cinquante milles plus au sud. Aujourd'hui l'établissement le plus considérable de la Nouvelle-Calédonie est celui d'Yenguène, situé à quinze lieues environ à l'est-sud-est de Balade, à l'embouchure d'une rivière assez considérable qui a sa source dans les montagnes et forme un assez bon port pour les navires de commerce. On reconnaît l'embouchure de cette rivière à un énorme rocher qui s'élève dans les airs et se divise en deux, ressemblant de loin aux tours de Notre-Dame de Paris.

Les Nouveaux-Calédoniens appartiennent à la race mélanésienne la plus grossière et la plus féroce de toutes celles de l'Océanie. Ils sont anthropophages. Leur stature est au-dessus de la moyenne ; ils ont la peau noire, les traits grossiers, la barbe épaisse, les cheveux crépus. Leur idiome barbare semble se rattacher à la langue des îles Wallis. Ils ne forment pas un corps de nation, mais sont au contraire divisés en une trentaine de tribus, ayant chacune un chef particulier. Ces tribus habitent presque toutes dans le voisinage de la mer, et sont continuellement en guerre entre elles. Les plus septentrionales, et conséquemment celles qui ont le plus de relations avec les Européens, sont celles de *Pouma*, de *Bondé*, de *Mouélébé*, d'*Arama* et de *Yenguène*. Les naturels qui viennent de l'intérieur de l'île visiter cette contrée ont une dénomination analogue à celle d'*étrangers*. En posant des chiffres approximatifs sur la population des cinq tribus que nous venons de mentionner, on peut l'évaluer ainsi : Pouma, 2500 habitans; Bondé, 3000; Mouélébé, 5000; Yenguène, 8000, et Arama, 3000. Comme les tribus du sud et de l'intérieur paraissent aussi considérables, on peut sans exagération porter la population totale de l'île à 50 000 habitants.

Au sud-est de la nouvelle-Calédonie se trouve l'*Ile des Pins*, qui en est séparée par un chenal d'environ douze lieues, semé de roches madréporiques. Cette île a environ dix lieues de tour. Les naturels la nomment *Kounié*. Elle est dominée par un pic très-élevé, qu'on aperçoit en mer à une distance d'environ dix-huit lieues. Les productions sont les mêmes que celles de la Nouvelle-Calédonie, mais la population est moins farouche, et le pays semble offrir des chances plus favorables à la colonisation. Les navires européens visitent depuis quelques années le port de l'*Assomption*, au sud de l'île. Ce mouillage est protégé contre les vents du large par la petite île *Kounou* et l'îlot boisé l'*Alcmène*. Il existe aussi au nord de l'île un autre port, celui d'*Ouzélé*, dans le voisinage de *Gadji*, résidence habituelle du chef indigène. Mais les approches de ce dernier port sont plus difficiles : la mer est très-parsemée de coraux, et la côte est ordinairement battue par un ressac incommode aux embarcations.

Plusieurs îlots moins considérables se rattachent à l'archipel de la Nouvelle-Calédonie, appelé aussi par quelques géographes, entre autres par Malte-Brun, groupe de Balade. Ce sont : les îles *Huon*, l'île *Surprise*, l'île *Lebert*, l'île *Moulin*, l'île de la *Reconnais-*

sance, l'île *Balabea*, et l'îlot *Boudioué*, qui commande le hâvre de Balade; ces îles sont pour la plupart des terres basses et inhabitées.

A l'est de la Nouvelle-Calédonie se trouve le groupe des îles *Loyalty*, séparé de l'île principale par un bras de mer large d'environ vingt lieues. Les principales sont l'île *Britannia*, l'île *Chabrol* et l'île *Halgan*. Cet archipel a été exploré dans ces derniers temps par le capitaine Dumont-d'Urville, qui, en donnant aux baies et aux promontoires des noms d'illustres contemporains (baie de *Chateaubriand*, cap *Bernardin de Saint-Pierre*, etc.), a pris date, au nom de la France, dans ces lointains parages.

Le lecteur trouvera ces différentes indications géographiques dans la carte de la Nouvelle-Calédonie et des îles adjacentes, que nous avons réduite d'après celle de M. Beautemps-Beaupré, géographe du bureau des longitudes, et complétée à l'aide des travaux de Dumont-d'Urville et des relèvements hydrographiques opérés en 1850 par les officiers de l'*Alcmène*. Cette carte pourra servir de guide pour l'intelligence des récits qui vont suivre.

La Nouvelle-Calédonie n'est pas encore bien connue, surtout à l'intérieur. Il y a quatre-vingts ans à peine que cette île a été découverte; et, pendant cet intervalle, elle a été rarement visitée par les navires européens. D'abord, elle ne se trouve pas sur l'itinéraire habituel des voyages de circomnavigation autour du monde; puis, les dangers que présentent ses côtes bordées de récifs, le peu de ressources qu'offre le pays pour le commerce, enfin le naturel farouche et indomptable de ses habitants, en ont presque toujours éloigné les navigateurs de toutes les nations dont les vaisseaux sillonnent les mers de l'Océanie. Pour explorer la Nouvelle-Calédonie, il fallait ou la curiosité d'un savant ou le zèle d'un missionnaire. La science et la religion ont seules, en effet, pendant plus d'un demi-siècle, marqué leur passage dans cette contrée ; elles ont laborieusement défriché ce sol ingrat, et préparé les voies au commerce et à la colonisation.

De là le plan tout tracé de ce travail et sa division en trois parties.

La première comprendra les voyages de découverte et d'exploration accomplis aux diverses époques.

La seconde contiendra l'historique de la mission catholique qui, depuis dix années, travaille sans relâche à évangéliser les tribus sauvages de cette contrée. Un appendice sera consacré aux travaux des missions protestantes.

Enfin la troisième partie renfermera la description de la Nouvelle-Calédonie, le tableau des mœurs et des institutions de ses habitants, le résumé des divers systèmes proposés pour sa colonisation et les actes officiels de sa prise de possession par la France.

Aucun ouvrage spécial n'ayant encore été publié sur la Nouvelle-Calédonie, nous avons dû puiser nos renseignements aux sources mêmes et consulter les divers ouvrages où il est fait mention de cette contrée. Les voyages de Cook et de Forster, de d'Entrecasteaux, de La Billardière, de Fréminville et des navigateurs plus récents ont naturellement servi de point de départ à notre travail. Nous avons essayé de fondre ces récits, de les compléter, quelquefois même de les rectifier les uns par les autres, afin d'éviter les contradictions et la monotonie, écueils ordinaires de ce genre de compilations.

Notre tâche était plus facile pour l'époque contemporaine. Nous avons mis à contribution les annales des missions étrangères et les rapports adressés au ministre de la marine par les capitaines de vaisseau qui ont stationné à diverses reprises sur les côtes de la Nouvelle-Calédonie. Ces documents offrent plus de nouveauté et d'intérêt, et se prêtent davantage à l'enchaînement du récit. Le lecteur comprendra cependant qu'on ne peut pas toujours donner l'unité et la cohésion de l'histoire à des événements qui datent à peine d'hier et dont il faut puiser les détails à des sources quelquefois disparates, tantôt dans des rapports officiels et techniques, tantôt dans des lettres familières ou dans des articles de journal.

La partie qui traite de la colonisation procède de sources plus originales et plus variées. La plupart des pièces que nous avons dû consulter sont disséminées, soit dans la série des annales maritimes et hydrographiques, soit dans des dépôts publics, ou enfin dans des collections spéciales.

L'auteur doit à cet égard des remercîments à M. le directeur et à M. l'archiviste du dépôt des cartes et plans de la marine, ainsi qu'au bibliothécaire de la société de géographie, qui ont facilité ses recherches par leurs savants conseils et leurs obligeantes communications. Il n'a pas moins d'obligation envers MM. les supérieurs des missions étrangères et de la congrégation des PP. maristes pour les indications bienveillantes et les précieux encouragements qu'ils lui ont donnés.

Mais c'est surtout à la mémoire de Mgr d'Amata, dont les missions françaises de l'Océanie déplorent la perte récente, qu'il doit adresser ici un hommage de pieuse gratitude. C'est dans les récits éloquents et dans les entretiens familiers du digne prélat qui fut l'apôtre de la Nouvelle-Calédonie, qu'il a puisé, il y a quelques années, l'idée de ce livre ; il ne saurait mieux faire aujourd'hui que de placer son œuvre modeste sous cet illustre et respectable patronage.

Paris, mai 1854.

LA NOUVELLE-CALÉDONIE.

PREMIÈRE PARTIE.

VOYAGES.

CHAPITRE PREMIER.

VOYAGE DE COOK ET DE FORSTER. (1774).

Découverte de la Nouvelle-Calédonie.

La Nouvelle-Calédonie fut découverte le 4 septembre 1774 par le capitaine Cook. Cet illustre navigateur accomplissait son deuxième voyage d'exploration à travers les archipels de l'Océanie, sur les vaisseaux anglais *la Résolution* et *l'Aventure*, lorsqu'il aperçut, à une assez grande distance, une terre haute, non indiquée sur les cartes : il lui donna le nom de Nouvelle-Calédonie, en souvenir des montagnes de l'Écosse.

La France peut aussi revendiquer, du moins en

partie, le mérite de cette découverte. Bougainville, qui précéda le capitaine Cook dans ces parages, avait pressenti l'existence d'une terre dans cette direction. Il rapporte, dans le journal de son voyage, qu'il rencontra, au sud de la Louisiade, une mer entièrement tranquille, et que plusieurs morceaux de bois flottant, des herbes et des fruits passèrent à peu de distance de son vaisseau. Il conjectura qu'une île devait se trouver au sud-est, mais son itinéraire ne lui permit pas d'en opérer la reconnaissance. Cook ne la cherchait pas non plus, et le hasard fut pour quelque chose dans sa découverte.

« Nous nous préparions, dit-il, à traverser la mer du Sud dans sa plus grande largeur, du côté de l'extrémité de l'Amérique, quand, après trois jours de navigation, nous aperçûmes une grande terre où aucun navigateur européen n'avait encore abordé, ce qui changea en entier le plan formé pour le reste de notre séjour dans les mers du Sud. Nous marchâmes pour l'accoster avec une légère brise de l'est; nous en étions à trois lieues. Quelques ouvertures ou passages dans l'ouest nous empêchaient de savoir si elle était continue ou si elle formait un groupe d'îles; elle paraissait se terminer dans le sud-est par un grand cap que j'appelai le cap *Colnett*, du nom d'un de mes volontaires qui le premier en eut connaissance. »

Séjour du capitaine Cook au havre de Balade.

Le capitaine Cook demeura plusieurs jours en vue de la Nouvelle-Calédonie avant d'y aborder. Il en profita pour faire des relèvements hydrographiques et pour dessiner à diverses distances le profil des côtes. Plusieurs feux, dont on apercevait la fumée sur les montagnes, prouvaient que l'île était habitée. Un officier crut même distinguer du haut des mâts la lueur d'un volcan ; mais ni Cook ni les autres explorateurs de la contrée ne trouvèrent dans l'île la moindre trace de productions volcaniques [1].

L'aspect du pays devenait plus stérile à mesure qu'on approchait du rivage. La plage était couverte d'une herbe sèche et blanchâtre.

Çà et là on remarquait quelques coteaux ornés de verdure, rares oasis d'où s'élançaient plusieurs tiges de bananiers ou de cocotiers. Sur une petite bordure de terre plate, au pied des collines, on apercevait quelques huttes rondes et coniques ayant la forme des ruches d'abeilles. Ce paysage

---

[1]. Malte-Brun affirme cependant qu'on a trouvé dans la Nouvelle-Calédonie des colonnes de basalte et un volcan en pleine activité. Un îlot du groupe est en outre indiqué sur les cartes sous le nom de volcan Mathews. Enfin une lettre toute récente d'un officier attaché à la station de la Nouvelle-Calédonie affirme qu'il y a en effet un volcan dans la partie intérieure de l'île, à la hauteur de Kuanah.

de la Nouvelle-Calédonie est rendu avec beaucoup de vérité dans une des gravures qui accompagnent le texte du voyage de Cook.

Pendant que *l'Aventure* et *la Résolution* étaient au mouillage, on vit quinze ou seize pirogues chargées de sauvages se diriger de ce côté. La plupart étaient sans armes. Ils n'osèrent pas d'abord accoster les vaisseaux ; mais bientôt la curiosité l'emporta, et ils montrèrent assez de confiance pour s'en rapprocher. On leur descendit des présents au bout d'une corde à laquelle ils attachaient en échange des poissons, mais tellement gâtés que l'odeur en était insupportable. Ces échanges ayant établi une sorte de liaison, deux des naturels se hasardèrent à monter à bord, et bientôt les autres remplirent le vaisseau. Quelques-uns s'assirent à table avec les Anglais ; mais la soupe de pois, le bœuf et le porc salés que mangeaient les matelots ne parurent pas être de leur goût.

Après le dîner, le capitaine Cook, rassuré par les dispositions favorables des habitants, se rendit à terre, et, déployant le pavillon britannique, il prit possession de la contrée au nom du roi d'Angleterre.

« Nous débarquâmes, dit-il, sur une plage sablonneuse, en présence d'un grand nombre d'indigènes qui nous reçurent avec des acclamations de joie et avec cette surprise naturelle à un peuple qui voit pour la première fois des hommes et des objets dont il n'avait pas encore d'idée. Nous trouvâmes sur le rivage un chef nommé *Téa-Booma*[1], qu'on avait vu la veille dans une des pirogues. Il ordonna de faire silence, et tout le peuple lui ayant obéi, il prononça une courte harangue. Il l'eut à peine achevée qu'un autre chef imposa silence à son tour et fit un second discours. Ces harangues consistaient en courtes sentences à chacune desquelles deux ou trois vieillards répondaient par des signes de tête et une espèce de murmure qui sans doute était une marque d'approbation.

« Dès que je leur eus fait entendre que nous avions besoin d'eau, les uns nous montrèrent l'est et d'autres l'ouest. Mon ami entreprit de nous conduire, et s'embarqua avec nous dans ce but. Nous rangeâmes la côte vers l'est pendant environ deux milles, et nous la vîmes presque partout couverte de mangliers. Nous entrâmes, à travers ces arbres, dans une crique étroite, ou une rivière, qui nous porta au pied d'un petit village au-dessus des mangliers ; là nous débarquâmes, et l'on nous montra une source d'eau douce. »

L'endroit où Cook débarqua était appelé, par les naturels du pays, *Balade*. Le mouillage offrait

---

[1]. *Téa* semble être un titre attaché aux noms de tous les chefs. Celui de Balade faisait au capitaine l'honneur de l'appeler *Tea-Cook*.

un abri sûr aux navires. Le capitaine établit son observatoire sur une petite île voisine de l'aiguade, et appelée par les naturels *Boudioué*.

Explorations de G. Forster.

Pendant que le capitaine Cook faisait ses observations nautiques et consignait, dans la relation si intéressante de son voyage [1], les principaux incidents de son séjour sur les côtes de la Nouvelle-Calédonie, un savant naturaliste, attaché à l'équipage de *la Résolution*, Georges Forster, explorait l'intérieur de la contrée et faisait de son côté de curieuses études, qu'il a aussi relatées dans le journal de son voyage autour du monde [2]. Nous citerons concurremment ces deux relations, empruntant de préférence à Cook le cadre du récit et les descriptions topographiques dans lesquelles il excelle, et à Forster les détails de mœurs, ainsi que les notions d'anthropologie et d'histoire naturelle, qui rendent si précieuses sa narration et surtout les notes dont elle est accompagnée.

1. *Voyage dans l'hémisphère austral et autour du monde, fait sur les vaisseaux du roi* l'Aventure *et la* Résolution, *en* 1772, 1773, 1774 *et* 1775, écrit par J. Cook, commandant *la Résolution*, et dans lequel on a inséré la relation du capitaine Furneaux et celle de MM. Forster. Traduit de l'anglais, 1778. Trois volumes in-4°.

2. *A voyage round the world* by Georges Forster, in two volumes. London, 1777. Deux volumes in-4°.

Bien que le capitaine Cook, hostile à Forster, ait un peu cherché peut-être à lui en ravir le mérite, la reconnaissance de la Nouvelle-Calédonie a été faite en réalité par ce savant naturaliste et par son fils, qui l'accompagnait dans ce voyage. Cook ne quitta guère son vaisseau que pour visiter les chefs indigènes et faire acte de souveraineté, mais il ne dépassa pas le rivage, tandis que Forster et ses compagnons pénétrèrent dans les vallées de l'intérieur du pays, au delà des montagnes qui dominent le havre de Balade. Seulement il faut quelquefois se défier de l'enthousiasme de Forster et de ses riantes descriptions.

« Le sol des environs de Balade nous parut, dit-il, dans un très-bon état de culture, planté de cannes à sucre, de bananiers, d'ignames et d'autres racines. Du milieu de ces plantations s'élevaient des cocotiers dont les branches épaisses étaient chargées de fruits. Nous rencontrions communément deux ou trois maisons, situées les unes près des autres, sous un groupe de figuiers élevés, dont les branches étaient si bien entrelacées que le firmament se montrait à peine à travers le feuillage; une fraîcheur agréable entourait toujours les cabanes. Des milliers d'oiseaux voltigeaient continuellement au sommet des arbres, où ils se mettaient à l'abri des rayons brûlants du soleil. Le ramage de quelques grimpereaux produisait un concert charmant et causait un vif plaisir à tous ceux qui aiment cette musique simple. Les habitants eux-mêmes s'asseyaient communément au pied de ces arbres, qui ont une qualité remarquable : de la partie supérieure de la tige ils poussent de larges racines, aussi rondes que si elles étaient faites au tour, et qui s'enfoncent en terre à dix, quinze et vingt pieds de l'arbre, après avoir formé une ligne droite très-exacte, extrêmement élastique, et aussi tendue que la corde d'un arc au moment où le trait va partir. Il paraît que c'est de l'écorce de ces arbres que les naturels font les petits morceaux d'étoffe qui leur servent de vêtement.

« Il nous apprirent quelques mots de leur langue, qui n'avait aucun rapport avec celle des autres îles. Leur caractère était doux et pacifique, mais très-indolent; ils nous accompagnaient rarement dans nos courses. Si nous passions près de leurs huttes et si nous leur parlions, ils nous répondaient; mais si nous continuïons notre route sans leur adresser la parole, ils ne faisaient pas attention à nous. Ils ne parurent ni fâchés ni effrayés de nous voir tuer des oiseaux à coups de fusil; au contraire, quand nous approchions de leurs maisons, les jeunes gens ne manquaient pas de nous en montrer pour avoir le plaisir de les voir tirer. Ils semblaient être peu occupés dans cette saison de l'année. Ils avaient préparé la terre et planté des racines et des bananes dont ils attendaient la récolte l'été suivant ; c'est peut-être pour cela qu'ils étaient moins en état que dans un autre temps de vendre leurs provisions : car d'ailleurs nous avions lieu de croire qu'ils connaissaient ces principes d'hospitalité qui rendent tous les insulaires de la mer du Sud si intéressants pour les navigateurs.

« Le soir j'allai voir l'aiguade, au fond d'une petite crique ; c'était un beau ruisseau qui descendait des montagnes. Il fallait avoir un petit canot pour débarquer les futailles sur la plage, où elles étaient roulées, et les charger ensuite sur la chaloupe ; car un petit canot pouvait seul entrer dans la crique, encore n'était-ce que pendant le flot.

« Nous aurions pu nous procurer d'excellent bois de chauffage avec plus de facilité que de l'eau, si nous en avions eu besoin. Nous nous promenâmes sur les collines les plus voisines de notre aiguade jusqu'au coucher du soleil. Cette première excursion nous fit juger que ce peuple n'avait guère reçu de la nature qu'un excellent caractère. Sa pauvreté ne nous permettait pas d'en attendre autre chose que la permission d'examiner le pays tout à notre aise. »

Les jours suivants, Forster, voulant prendre une

idée générale de la contrée, explora avec quelques hommes de son équipage la région montagneuse du nord de l'île. Les insulaires le guidèrent par des chemins assez praticables. Lorsqu'il eut atteint le sommet de l'une des montagnes, il aperçut la mer des deux côtés. Il estima que, dans cet endroit, la largeur de l'île n'excédait pas dix lieues. Au pied de cette chaîne de montagnes s'étendait une grande vallée arrosée par une rivière. Sur les bords, on remarquait diverses plantations dont l'excellente distribution annonçait beaucoup de soin et de travail. On y voyait des champs en jachère, d'autres récemment défrichés, d'autres enfin en pleine culture. L'espace de terrain cultivé occupait assez d'étendue ; la distribution en était régulière. On y voyait des plantations d'ignames, de cannes à sucre, de bananes et de racines que les indigènes appellent *taro* ou *eddy*. Les champs étaient ingénieusement arrosés par des rigoles pratiquées depuis le principal ruisseau qui coule des montagnes et conduites par des sinuosités à travers les plantations.

Pendant une autre promenade, Forster s'arrêta devant quelques maisons placées sous des arbres touffus ; les insulaires étaient assis oisivement, sans aucune occupation, et les jeunes gens seuls se levèrent à son approche. « L'un des hommes, dit-il, avait les cheveux parfaitement blonds, un teint beaucoup plus blanc que ses compatriotes et le visage couvert de rousseurs. (C'était une espèce d'albinos.) La faiblesse des organes, et surtout celle des yeux, chez les individus anormaux qu'on a trouvés parmi les nègres d'Afrique et les habitants de l'Amérique, des Moluques et des îles situées sous les tropiques, dans la mer du Sud, a fait croire qu'une maladie du père et de la mère avait occasionné ces variétés. Mais nous n'aperçûmes dans cet homme aucun symptôme de faiblesse ni aucun défaut dans l'organe de la vue. Une autre cause devait donc avoir produit la couleur de ses cheveux et de sa peau. Un de nos compagnons lui coupa une touffe de cheveux ; puis il en coupa une seconde à un insulaire d'un teint ordinaire, et nous donna l'une et l'autre. Les deux naturels montrèrent du mécontentement de ce qu'on leur coupait ainsi les cheveux; mais, comme l'opération fut faite avant qu'ils s'en aperçussent, on les apaisa bientôt en leur offrant quelques bagatelles. La bonté de leur caractère et leur indolence semblent incompatibles avec un long ressentiment.

« En quittant ces huttes, nous nous séparâmes, et chacun erra de son côté au milieu de la campagne. Je restai dans la bordure boisée de la plaine, et je causai le plus qu'il me fut possible avec les naturels ; ils me donnèrent les noms de divers districts de l'île dont nous n'avions jamais entendu parler auparavant ; mais je ne pus en faire aucun usage, faute d'en connaître la situation[1]. »

Dans le cours de cette excursion, Forster et le docteur Sparmann, un de ses compagnons, firent quelques observations physiologiques et médicales sur la race calédonienne. Elle leur parut robuste, mais malsaine, bien que la syphilis n'ait pas encore fait chez eux les ravages qu'elle a causés depuis chez les malheureux sauvages de la mer du Sud. Ils étaient sujets à quelques affections de la peau. Quelques-uns avaient sur les membres d'énormes tumeurs, dont la plupart étaient dures, rugueuses et écaillées. Cette expansion démesurée de la jambe ou du bras ne paraissait pas les gêner beaucoup, et, ils y sentaient rarement de la douleur. Quelques-uns cependant avaient une espèce d'excoriation, et il commençait à s'y former des pustules. La lèpre dont cette *éléphantiasis* ou enflure extraordinaire est une espèce, suivant l'opinion des médecins, semble être une maladie particulière aux climats secs et brûlés....

Forster raconte ensuite que, s'étant séparé de nouveau de ses compagnons, il parvint à un chemin creux rempli des deux côtés de liserons et

[1]. Il ne paraît pas que les Nouveaux-Calédoniens aient un nom particulier appliqué à l'île tout entière. Leurs dénominations ne s'étendent guère qu'à un district ou à une tribu. Cependant on a remarqué que les insulaires des archipels voisins désignent la grande île sous le nom d'*Opao*.

d'arbrisseaux odoriférants, et qui paraissait avoir été le lit d'un torrent ou d'un ruisseau. Ce chemin le conduisit à un groupe de deux ou trois huttes environnées de cocotiers.

« A l'entrée de l'une de ces huttes, dit-il, j'observai un homme assis tenant sur son sein une petite fille de huit ou dix ans, dont il examinait la tête. Il fut d'abord surpris de me voir, mais, reprenant bientôt sa tranquillité, il continua son opération. Il avait à la main un morceau de quartz transparent, et comme l'un des bords de cette pierre était tranchant, il s'en servait au lieu de ciseaux pour couper les cheveux de la petite fille. Je leur donnai à tous les deux des grains de verre noir dont ils semblèrent très-contents. Je me rendis ensuite aux autres cabanes, et j'en trouvai deux si proches qu'elles enfermaient un espace de dix pieds carrés environ, formant une cour entourée en partie de haies. Trois femmes, l'une d'un moyen âge, les deux autres un peu plus jeunes, allumaient du feu sous un grand pot de terre qui leur sert à faire cuire les aliments. Dès qu'elles m'aperçurent, elles me firent signe de m'éloigner ; mais voulant connaître un peu leur manière d'apprêter la cuisine, je m'approchai. Le pot était rempli d'herbes sèches et de feuilles vertes dans lesquelles elles avaient enveloppé de petits ignames. Ce fut avec beaucoup de peine qu'elles me permirent d'examiner leur pot.

Elles m'avertirent de nouveau par signes de m'en aller, et, montrant les cabanes, elles remuèrent leurs doigts à différentes reprises sous leur gosier. Je jugeai que, si on les surprenait ainsi seules dans la compagnie d'un étranger, on les étranglerait ou on les tuerait. Je les quittai donc, et je jetai un coup d'œil furtif dans les cabanes, qui étaient entièrement vides. En regagnant le bois, je rencontrai le docteur Sparmann, et nous retournâmes vers les femmes afin de les revoir et de me convaincre que j'avais bien interprété leurs signes. Elles étaient toujours au même endroit. Nous leur offrîmes des grains de rassade qu'elles acceptèrent avec de grands témoignages de joie : mais elles réitérèrent cependant les signes qu'elles avaient fait quand j'étais seul; elles semblèrent même y joindre la prière et les supplications, et, afin de les contenter, nous nous éloignâmes à l'instant. Quelque temps après, nous rejoignîmes le reste de nos compagnons, et, comme nous avions soif, je demandai de l'eau à l'homme qui coupait les cheveux de la petite fille; il me montra un arbre auquel pendaient une douzaine de noix de cocos remplies d'eau douce, qui nous parurent assez rares dans ce pays. Nous retournâmes à l'aiguade par terre, et rejoignîmes le navire en chaloupe. »

Explorations de Pickersgill.

Pendant que Forster visitait l'intérieur de la contrée, quelques officiers de l'équipage, sous la direction de Pickersgill, lieutenant de *la Résolution*, dirigèrent de leur côté une reconnaissance par mer vers les côtes nord-ouest, et abordèrent à une petite île basse et sablonneuse appelée par les naturels *Balabea*. Teaby, chef de cette contrée, fit aux Anglais l'accueil le plus obligeant. Néanmoins, pour n'être pas trop pressés par la foule, les officiers tirèrent une ligne de démarcation, et avertirent les naturels de ne pas passer outre. Ceux-ci se conformèrent d'abord à cette défense. Mais bientôt, l'un d'eux sut la tourner à son avantage. Il avait quelques noix de coco qu'un matelot voulait lui acheter et qu'il ne se souciait pas de vendre. Voyant que l'acheteur le poursuivait opiniâtrément, il s'assit sur le sable, traça autour de lui un cercle, comme il l'avait vu faire aux gens de l'équipage, et enjoignit à l'importun de ne pas dépasser sa ligne de démarcation. Elle fut respectée. Cette riposte ingénieuse fait honneur à l'intelligence de cet Indien.

Pickersgill poursuivit cette exploration vers l'extrémité nord-ouest de l'île, où les insulaires lui parlèrent d'une grande terre située au nord, et nommée *Mingha*, dont les habitants, disaient-ils, étaient leurs ennemis et fort adonnés à la guerre. Les compagnons de Cook ne paraissent pas s'être aperçus, dans ce premier voyage, que les Nouveaux-Calédoniens fussent anthropophages. L'anecdote suivante, rapportée par Pickersgill, semble faire croire en effet que cette horrible coutume n'était pas encore dans leurs mœurs : « Vers la fin du souper, les Indiens, ayant vu quelques-uns de nos matelots ronger un os de bœuf, se mirent à causer entre eux d'un ton de voix fort élevé et avec beaucoup d'agitation ; ils regardaient nos gens d'un air de surprise et de dégoût, et témoignèrent par leurs signes qu'ils les soupçonnaient de manger de la chair humaine. On essaya de les détromper ; mais comment se faire comprendre par des hommes qui n'avaient jamais vu de quadrupèdes de leur vie ? »

Départ de Cook.

Quelques jours avant son départ, le capitaine rendit une nouvelle visite au chef de Balade. *Tea-Booma* n'avait pas reparu depuis quelque temps ; il habitait de l'autre côté des montagnes. « Comme je désirais, dit Cook, laisser sur cette terre de quoi produire une race de cochons, j'embarquai dans ma chaloupe un mâle et une truie, et j'allai à la crique des mangliers pour y trouver mon ami, afin de les lui donner. Mais, en y arrivant, on nous dit qu'il était dans l'intérieur de la contrée et qu'on allait le chercher. Je ne sais si l'on prit cette peine; mais, ne le voyant pas arriver, je résolus de mettre les cochons à la garde du plus distingué des insulaires qui étaient présents. Apercevant l'Indien qui nous avait servi de guide sur la montagne, je lui fis entendre que je me proposais de laisser les deux cochons sur le rivage, et j'ordonnai qu'on les fît sortir de la chaloupe. Je les présentai à un grave vieillard, dans la persuasion que je pouvais les lui confier avec sûreté; mais secouant la tête, il me fit signe, ainsi que tous les autres, de reprendre les cochons dans le bateau, parce qu'il en était épouvanté. Il faut convenir que la forme de ces quadrupèdes n'est pas attrayante, et ceux qui n'en ont jamais vu ne doivent pas prendre du goût pour eux. Comme je persistais à les leur laisser, ils parurent délibérer ensemble sur ce qu'ils devaient faire, et ensuite notre guide me dit de les envoyer à l'*Aléekée* (au chef). Nous nous fîmes donc conduire à l'habitation du chef, que nous trouvâmes assis dans un cercle de huit ou dix personnes d'un âge mûr. Dès que je fus introduit avec mes cochons, on me pressa très-civilement de m'asseoir, et alors je leur vantai l'excellence des deux quadrupèdes et je m'efforçai de leur persuader combien la femelle leur donnerait en une seule fois de petits qui, venant eux-mêmes à se multiplier, leur en produiraient un nombre considérable. J'exagérais ainsi la valeur de ces animaux, pour engager ces Indiens à les nourrir avec le plus grand soin. Dans cet intervalle, deux personnes qui avaient quitté la compagnie revinrent avec des ignames qu'elles me présentèrent. Je pris ensuite congé d'eux et je retournai à bord.... »

Le 13 septembre 1774, le capitaine Cook quitta la Nouvelle-Calédonie, après un séjour d'un peu plus d'une semaine. Avant de s'éloigner de ces parages, il fit graver sur un grand arbre voisin de l'aiguade une inscription en anglais contenant les noms de ses vaisseaux et la date de son arrivée et de son départ[1].

Découverte de l'île des Pins.

Après avoir quitté le havre de Balade, *la Résolution* et *l'Aventure* longèrent toute la côte orientale de la Nouvelle-Calédonie, mais en s'en tenant toujours à une assez grande distance. Le 23 septembre, au point du jour, elles atteignirent, derrière le cap *du Couronnement*, une pointe élevée que le capi-

---

1. Aucun de ces signes de reconnaissance n'a été retrouvé par les voyageurs qui, après Cook, ont visité la Nouvelle-Calédonie. La seule trace qu'on ait constatée de son passage est un vieux chandelier en fer que les marins de l'expédition de d'Entrecasteaux trouvèrent dans le sable, près du rivage où les navires anglais avaient séjourné.

taine Cook appela le *Promontoire de la Reine Charlotte*. « Vers midi, dit le journal du navire, la brise se leva du nord-ouest; et, à mesure que nous nous approchions du cap du Couronnement, nous vîmes dans une vallée, au sud, un grand nombre de pointes élevées; les terres basses, sous le promontoire, en étaient couvertes. Nous ne pouvions pas nous accorder sur la nature de ces objets. Je supposais que c'était une espèce singulière d'arbres, par la raison qu'ils étaient très-nombreux, et que d'ailleurs une grande quantité de fumée sortit tout le jour du milieu de ces objets, près du promontoire. Nos philosophes pensaient que c'était la fumée d'un feu interne et perpétuel. Je n'eus pas la peine de leur représenter que le matin il n'y avait point eu de fumée dans cette même place; car ce feu prétendu éternel cessa avant la nuit, et depuis on n'y en aperçut plus.

« Ces objets, qui ressemblaient à des colonnes, étaient éloignés les uns des autres, mais la plupart formaient des groupes serrés. Comme on trouve des colonnes de basalte en plusieurs parties du monde, il y avait lieu de croire que celles-ci étaient de la même espèce, et, parce que nous avions vu dernièrement plusieurs volcans dans les environs et un très-près de Tanna, cette opinion nous paraissait encore plus vraisemblable. »

Le capitaine accosta enfin cette terre, dont l'aspect étrange avait tant surpris l'équipage. On reconnut alors que ces objets, qui de loin ressemblaient à de hautes colonnes, étaient en réalité de grands arbres : c'était une espèce de pin (le pin colonnaire), propre à fournir des bois de mâture. Les branches de cet arbre croissent autour de la tige en formant de petites touffes ; elles surpassent rarement la longueur de dix pieds, et sont comparativement très-minces. C'est là ce qui donnait à ces arbres une forme si extraordinaire. Cook en fit couper plusieurs pour les besoins de son navire, puis il quitta définitivement ces parages, en laissant à cette dernière île le nom d'*île des Pins*[1].

---

1. Cook reconnut aussi dans le bras de mer qui sépare l'île des Pins de la Nouvelle-Calédonie un îlot sablonneux auquel il donna le nom d'*île de la Botanique*, parce que les naturalistes de l'expédition y descendirent pour herboriser.

CHAPITRE II.

VOYAGE DE D'ENTRECASTEAUX ET DE LA BILLARDIÈRE.
(1791-1793.)

Départ de La Pérouse. (1785.)

Les découvertes de Cook dans l'océan Pacifique et la gloire qui en avait rejailli sur le pavillon britannique excitèrent l'émulation du gouvernement français. Le roi Louis XVI avait beaucoup de goût pour les études géographiques et brûlait du désir d'illustrer son règne par de lointaines expéditions. L'amour du merveilleux avait séduit les esprits les plus indifférents. On dévorait les récits de voyages de préférence aux romans les plus en vogue. On se passionnait pour ce cinquième monde, comme trois siècles auparavant on s'était passionné pour la découverte de l'Amérique. Les souverains y voyaient de nouvelles possessions à joindre à leur couronne; les compagnies de commerce, un champ immense offert à leurs spéculations; les aventuriers, une carrière sans bornes ouverte à leur ambition; les savants et les philosophes, des sujets nouveaux et inexplorés d'investigations et de recherches. Aussi le voyage de La Pérouse fut un événement dans toute la France. Toutes les classes de la société s'intéressaient au départ de ce hardi navigateur, dont la popularité s'est encore accrue par le mystère qui pendant longtemps a plané sur sa destinée. Les académies, les sociétés savantes rédigèrent de nombreuses questions à résoudre; le savant Fleurieu, ministre de la marine, ne négligea rien pour assurer le succès de l'entreprise, et mit à la disposition de La Pérouse des pouvoirs et des ressources en rapport avec son importante mission. Enfin, si nous en croyons les historiens du temps, Louis XVI rédigea lui-même et copia de sa royale main les instructions nautiques et l'itinéraire officiel du voyage. Ce mémoire, remarquable par son grand bon sens et par des vues souvent élevées, était ainsi conçu en ce qui concerne la Nouvelle-Calédonie :

« En quittant les îles des Amis, M. de La Pérouse viendra se mettre par la latitude de l'île des Pins, située à la pointe du sud-est de la Nouvelle-Calédonie; après l'avoir reconnue, il longera la côte occidentale qui n'a point encore été visitée, et il s'assurera si cette terre n'est qu'une seule île, ou si elle est formée de plusieurs…. Dans la visite qu'il fera de la Nouvelle-Calédonie et des autres îles, il examinera soigneusement les productions de ces contrées, qui, étant situées sous la zone torride et par les mêmes latitudes que le Pérou, peuvent ouvrir un nouveau champ aux spéculations du commerce. »

Expédition à la recherche de La Pérouse.

On était sans nouvelles depuis trois ans des deux frégates que commandait La Pérouse, lorsque, vers le commencement de 1791, la société d'histoire naturelle de Paris éveilla l'attention de l'Assemblée constituante sur le sort de ce hardi navigateur et de ses compagnons d'infortune. On n'avait aucun indice sur la route qu'ils avaient dû suivre depuis leur départ de Botany-Bay. Peut-être avaient-ils fait naufrage sur un de ces innombrables écueils dont la mer est semée dans les parages de l'océan Pacifique, à l'est de la Nouvelle-Hollande. Peut-être étaient-ils retenus captifs dans un des archipels de la Polynésie occidentale. Un décret de l'Assemblée (9 février 1791) invita le gouvernement à faire toutes les recherches possibles pour découvrir la trace de *la Boussole* et de *l'Astrolabe* : c'est ainsi que fut résolue l'expédition à la recherche de La Pérouse.

Elle fut confiée au chevalier Bruny d'Entrecasteaux, habile marin qui s'était déjà distingué dans plusieurs voyages au long cours. Deux navires de cinq cents tonneaux furent équipés tout exprès et reçurent des noms analogues au but de l'entreprise. Celui que montait d'Entrecasteaux fut nommé *la Recherche* ; l'autre, commandé par le major de vaisseau Huon Kermadec, reçut le nom de *l'Espérance*. Les instructions de d'Entrecasteaux lui prescrivaient de ne point chercher à reconnaître la côte nord-est de la Nouvelle-Calédonie, déjà découverte par Cook, et que La Pérouse n'avait pas dû visiter, mais de se porter vers la côte sud-ouest et de l'explorer avec soin. La petite escadre partit de Brest le 29 septembre 1791, et se dirigea par le cap de Bonne-Espérance vers les parages de l'Australie.

L'expédition à la recherche de La Pérouse dura deux ans. Les deux commandants étant morts pendant la traversée, la relation du voyage a été faite par plusieurs personnes attachées à l'expédition. Celle qu'on peut regarder comme officielle[1] fut publiée en 1806, sous le patronage du vice-amiral Decrès, alors ministre de la marine, par M. de Rossel, un des lieutenants du contre-amiral d'Entrecasteaux. Elle contient toutes les observations nautiques et astronomiques faites pendant le voyage.

[1]. *Voyage de d'Entrecasteaux*, envoyé à la recherche de La Pérouse, publié par ordre de S. M. l'empereur et roi, sous le ministère de S. E. le vice-amiral Decrès, comte de l'Empire; rédigé par M. de Rossel, ancien capitaine de vaisseau. Paris, imprimerie Impériale, 1806. 2 vol. in-4°.

Reconnaissance de la côte occidentale de la Nouvelle-Calédonie. (1792.)

Le 16 avril 1792, vers le coucher du soleil, *la Recherche* aperçut à l'horizon les hautes montagnes de la Nouvelle-Calédonie.

Conformément à ses instructions, d'Entrecasteaux se borna à une simple reconnaissance de la côte occidentale; il courut plusieurs bordées au milieu des récifs qui entourent l'île, sans accoster le rivage, dont il se tint toujours éloigné de plusieurs myriamètres. *La Recherche* et *l'Espérance*, marchant de conserve, continuèrent pendant six semaines ces manœuvres de circomnavigation, si dangereuses pour des navires à voiles, sans pouvoir trouver d'issue à cette longue chaîne de récifs qui forme autour de la Nouvelle-Calédonie une muraille infranchissable. « Cette bordure de brisants, dont l'aspect offre une ligne argentée que font ressortir encore l'ombre projetée par les montagnes et la couleur de la mer, n'aurait pu être interrompue, dit M. de Rossel, sans que quelque coupure eût été aperçue à la petite distance où nous nous en sommes constamment tenus. D'ailleurs, en supposant même qu'elle eût une issue dans la partie occidentale, comme il nous a semblé, cette chaîne serait tout aussi dangereuse que si elle était continue. En effet, il serait possible de s'engager par l'ouverture et de ne pas pouvoir en sortir par l'est, car on ignore s'il y a une interruption correspondante dans les récifs de la partie orientale. » *La Recherche* faillit se perdre sur ces récifs. M. de Rossel, qui commandait le quart, essaya trois fois en vain de faire virer cette frégate vent devant; chaque fois la grosseur de la lame fit rabattre le navire avant qu'il eût pu doubler le lit du vent, et chacune de ces tentatives ne fit que l'approcher davantage des écueils. On n'en était plus qu'à cinq encâblures, et il ne restait plus assez d'espace pour virer vent arrière; jeter l'ancre était impossible, puisqu'on ne trouve pas de fond contre ces rochers de corail qui s'élèvent perpendiculairement comme des murs à pic de l'immense profondeur des mers. Ce moment fut affreux; les flots écumants se brisaient avec fureur sur ces rocs terribles, et dans quelques minutes la frégate allait être fracassée et engloutie. Chacun, à l'aspect d'une mort inévitable, cherchait déjà des yeux quel objet, quel débris il pourrait saisir pour se sauver. Mais le capitaine d'Auribeau, qu'une indisposition retenait dans sa chambre, en sortit dans ce moment désespéré, et prenant le commandement de la manœuvre, il vira de bord avec une promptitude qui décida du salut de la frégate.

Une seconde relation du voyage de d'Entrecasteaux a été publiée en 1838 par le chevalier de Fréminville, d'après les journaux particuliers de plusieurs personnes de l'expédition. C'est la plus exacte au point de vue des observations nautiques ; elle nous donne jour par jour les détails de l'exploration de la côte ouest de la Nouvelle-Calédonie, et peut servir en quelque sorte de légende à la carte de l'île, qui fut dressée sous voiles par M. Beautemps-Beaupré, géographe de l'expédition[1].

D'Entrecasteaux continuait de naviguer à trois quarts de lieue de la chaîne des récifs, qui n'était elle-même séparée de la côte que par un espace d'une lieue de largeur au plus. C'est de ce côté du rivage que s'élèvent à pic les hautes montagnes qui constituent pour ainsi dire le squelette de la Nouvelle-Calédonie.

Le 21 juin 1792, on crut apercevoir une ouverture à la chaîne de récifs, et les frégates s'en approchèrent : mais elles virent que cette espèce de passe n'aboutissait qu'à une anse, au fond de laquelle la mer se brisait avec tant de furie que d'Entrecasteaux donna à cette impasse le nom de *havre Trompeur*.

1. Voir l'atlas in-folio du voyage de d'Entrecasteaux, dressé par M. Beautemps-Beaupré. Ce savant géographe est mort au mois de mars dernier dans un âge très-avancé. Il laisse, dit-on, plus de cinq cents cartons de papiers et de notes manuscrites. Il doit s'y trouver des documents intéressants sur la Nouvelle-Calédonie.

Le 22, on doubla une pointe avancée qu'on appela pointe *Goulven*, du nom du maître d'équipage de *la Recherche*. Les vents et un temps brumeux contrarièrent l'expédition les jours suivants, et elle ne fit que peu de progrès. Le 26, on doubla un petit îlot qui s'élevait du milieu des récifs, et qui fut nommé l'*île des Contrariétés*. Le 28, après avoir doublé une pointe qui fut nommée pointe *Tonnerre*, du nom du maître d'équipage de *l'Espérance*, on aperçut enfin l'extrémité septentrionale de la Nouvelle-Calédonie, mais non pas celle de la chaîne des récifs, qui se prolongeait à perte de vue dans la direction du nord-ouest.

On continua de longer ces écueils, car il était très-important d'en déterminer l'étendue. On apercevait en dedans, et toujours dans une même direction, plusieurs petites îles, continuation sous-marine des montagnes de la Nouvelle-Calédonie, dont quelques sommets reparaissaient çà et là au milieu des eaux. On donna à ces îles les noms des différentes personnes de l'équipage qui les découvraient les premiers, le commandant voulant récompenser le zèle, l'activité et le sang-froid avec lequel tous les marins placés sous ses ordres accomplissaient, au milieu de tant d'écueils, une navigation si dangereuse.

On rangea pendant deux jours encore cette effrayante suite de brisants, dont l'étendue étonnait nos navigateurs. Les hautes terres de la Nouvelle-Calédonie avaient disparu à leurs regards, et ces redoutables récifs ne se terminaient pas; ils suivaient invariablement la direction du nord-ouest. Le 30, on crut pourtant avoir atteint leur extrémité; ils s'interrompaient brusquement à l'est, et la mer, au nord, paraissait libre; mais ce n'était qu'une sinuosité profonde de leur chaîne, et le lendemain, 1er juillet, ils reparurent dans le nord, à la grande surprise des deux équipages; aussi nommèrent-ils *île de la Surprise* un petit îlot qui s'élevait au milieu de cette forteresse de corail. On était alors à dix lieues plus loin que le point où le capitaine Cook avait cru voir se terminer la partie opposée de cette immense suite d'écueils, en 1774. On continua toujours de les ranger, et on découvrit encore parmi tous ces rochers quelques îlots dont plusieurs n'étaient pas dépourvus de verdure; on les nomma les îles *Huon*, en l'honneur du commandant de *l'Espérance*.

Le 2 juillet, on aperçut enfin l'extrémité de ces brisants, les plus considérables peut-être qui existent dans le monde, puisqu'ils s'étendent dans un espace de soixante lieues, depuis la pointe nord de la Nouvelle-Calédonie jusqu'au 18° de latitude septentrionale. On leur donna le nom de *récifs d'Entrecasteaux*. Ces écueils, qui obstruent ainsi une vaste étendue de mer, sont d'autant plus redoutables pour les navigateurs que, se prolongeant bien loin au delà de toute terre, rien ne peut faire deviner leur approche ni servir de guide pour les éviter, si par malheur on les rencontre inopinément sur sa route.

Le commandant d'Entrecasteaux, après avoir achevé une exploration si difficile, avait grande envie de contourner l'extrémité de ces récifs pour rejoindre le point où le capitaine Cook avait cru les voir se terminer, et de rattacher ainsi son investigation à celle de cet illustre marin. Mais, pressé de se rendre au lieu où l'on avait l'espérance de retrouver des débris du naufrage de La Pérouse, il remit à un autre temps l'examen de ce point d'hydrographie, et continua sa route vers le nord-nord-ouest, dans une mer libre et ouverte où l'on n'apercevait plus aucun danger[1].

Exploration de la Nouvelle-Calédonie par La Billardière. (1794.)

Au mois d'avril 1794, le commandant de l'escadre, se trouvant presque au terme de sa mission

---

[1]. Par une fatalité déplorable, *la Recherche* et *l'Espérance*, dans le cours de cette expédition (19 mai 1793), passèrent en vue d'une petite île (île Vanikoro), où ils négligèrent d'aborder. Or c'était là précisément qu'était le but de leur voyage ; c'était là que s'étaient brisées les frégates de La Pérouse et que subsistaient encore à cette époque quelques-uns de ses infortunés compagnons.

et désespérant de retrouver la trace de *la Boussole* et de *l'Astrolabe*, résolut de faire une exploration plus complète de la Nouvelle-Calédonie, afin que la science du moins profitât du dévouement et des sacrifices entrepris d'abord dans un but d'humanité.

A bord de *la Recherche* était un naturaliste distingué, La Billardière, qui avait été désigné par le gouvernement pour faire la relation scientifique du voyage. Cette troisième relation du voyage de d'Entrecasteaux est, sans contredit, la plus intéressante. Les deux autres nous ont seulement fait connaître les côtes de l'île et son aspect extérieur; le journal de La Billardière nous fait pénétrer dans l'intérieur du pays, et nous donne de curieux détails sur la nature du sol, sur ses productions naturelles et sur les mœurs de ses habitants.

« Le 30 germinal an 1er de la République, *la Recherche* aborda vis-à-vis du mouillage de Balade, où le capitaine Cook avait jeté l'ancre en 1774. Une double pirogue, montée par onze naturels, navigua à quelque distance du vaisseau, mais sans aborder. Le lendemain, 1er floréal, quatre pirogues étaient sous voiles et se dirigeaient vers l'escadre, en agitant quelques morceaux d'étoffe blanche. Quelques sauvages enhardis vinrent à bord, et témoignèrent qu'ils avaient grand'faim en montrant de la main leur ventre, qui était en effet extrêmement aplati. Ils témoignèrent de la crainte en voyant des cochons, ce qui nous fit présumer qu'ils ne connaissaient pas ce quadrupède, quoique le capitaine Cook en eût laissé deux à un de leurs chefs ; mais, dès qu'ils eurent aperçu nos volailles, ils imitèrent assez bien le chant du coq pour ne nous laisser aucun doute qu'ils n'en eussent dans leur île.

« Aucune des femmes qui se trouvaient sur les pirogues ne consentit à venir sur notre vaisseau, et, lorsque nous voulions leur faire présent de quelques objets, les hommes se chargeaient de les leur porter.

« Le 3 floréal, nous descendîmes à terre vers une heure après-midi, et bientôt nous fûmes entourés par un grand nombre d'habitants, qui venaient de sortir du milieu des bois au travers desquels nous nous enfonçâmes à plusieurs reprises, en nous éloignant peu des bords de la mer. Nous ne tardâmes pas à trouver quelques huttes isolées, à trois ou quatre cents pas les unes des autres, et ombragées par des cocotiers. Quelque temps après, nous en trouvâmes quatre qui formaient un petit hameau dans un des lieux les plus sombres de la forêt ; elles avaient toutes à peu près la forme de ruches ayant trois mètres de long sur autant de large, et étaient la plupart entourées d'une palissade haute d'un mètre et demi, faite avec des pétioles de feuilles de cocotier rapprochées très-près les unes des autres et fichées en terre, de manière à former une petite allée devant la porte. Plusieurs portes avaient deux montants faits de planches, à l'extrémité supérieure desquels on avait sculpté assez grossièrement une tête d'homme. La charpente était faite de perches appuyées sur l'extrémité supérieure d'un pieu planté au centre de l'aire : quelques morceaux de bois courbés en arc rendent ces petites loges assez solides. Leur couverture est de paille et a environ deux tiers de décimètre d'épaisseur. Des nattes couvraient le sol, sur lequel les naturels sont parfaitement à l'abri des injures de l'air ; mais les moustiques y sont si importuns qu'ils sont obligés d'allumer du feu pour les chasser lorsqu'ils veulent dormir. On voyait ordinairement dans l'intérieur une planche placée horizontalement à un mètre d'élévation et soutenue avec des cordes. On ne pouvait y poser que des effets assez légers, car ces attaches étaient très-faibles.

« Nous observâmes près de quelques-unes de ces demeures de petits monceaux de terre de trois à quatre décimètres d'élévation et surmontés vers le milieu d'un treillage fort clair, haut de deux à trois mètres ; les sauvages nous le nommèrent *nbouet*, et nous firent connaître que c'était un lieu de sépulture ; ils inclinèrent la tête d'un côté en la soutenant avec la main, puis ils fermèrent les yeux pour exprimer le repos dont jouissaient les restes de ceux qu'on y avaient déposés.

« De retour vers le lieu de notre débarquement, nous trouvâmes plus de sept cents naturels qui étaient accourus de toutes parts. Il nous demandèrent des étoffes et du fer en échange de leurs effets, et bientôt quelques-uns d'entre eux nous prouvèrent qu'ils étaient des voleurs très-effrontés. Parmi leurs différents tours, j'en citerai un que me jouèrent deux de ces fripons. L'un m'offrit de me vendre un petit sac qui renfermait des pierres taillées en ovale, et qu'il portait à la ceinture. Aussitôt il le dénoua et feignit de vouloir me le donner d'une main, tandis que de l'autre il reçut le prix dont nous étions convenus; mais, au même instant, un autre sauvage, qui s'était placé derrière moi, jeta un grand cri pour me faire tourner la tête de son côté, et aussitôt le fripon s'enfuit avec son sac et mes effets, en cherchant à se cacher dans la foule. »

Prévenus avantageusement en faveur des naturels de la Nouvelle-Calédonie par le récit de Forster, les matelots ne voulurent pas d'abord sévir contre eux, mais ils ne tardèrent pas à revenir de leur prévention favorable. Un sauvage s'étant avancé vers Piron, le dessinateur de l'expédition, l'engagea à partager un os où pendait encore un reste de chair fraîchement grillée. Celui-ci, croyant qu'on lui offre un morceau de quelque quadrupède, va pour accepter, quand il reconnaît avec terreur que cet os, encore recouvert de parties tendineuses, appartenait au bassin d'un enfant de quatorze à quinze ans. Quelques sauvages se rapprochèrent des matelots les plus robustes et leur tâtèrent à différentes reprises les parties les plus musculeuses des bras et des jambes, en prononçant *kapareck* d'un air d'admiration et même de désir, et en faisant claquer la langue. Plus de doute, les sauvages de la Nouvelle-Calédonie étaient bien des anthropophages.

Toutefois, La Billardière fait observer que cette déplorable coutume tient chez ces sauvages plutôt à l'abrutissement qu'à la férocité. « Ils ne sont pas si terribles, dit-il, que les autres cannibales. Différents signes qu'on leur fit maladroitement, ou qu'ils interprétèrent mal, leur ayant fait supposer que nous étions aussi des anthropophages, ils se crurent à leur dernière heure et se mirent à pleurer. On eut beaucoup de peine à les rassurer.

« Les jours suivants, nous nous portâmes au sud-ouest, et nous traversâmes en peu de temps un terrain assez bas ; nous y vîmes quelques plantations d'ignames et de patates ; nous arrivâmes ensuite au pied des montagnes, où nous trouvâmes dix habitants qui nous accompagnèrent. Bientôt nous les vîmes monter, comme des singes, en s'aidant à la fois des pieds et des mains, dans des arbres dont ils arrachèrent les plus jeunes pousses, qu'ils mâchèrent sur-le-champ pour exprimer le mucilage contenu dans leur écorce. D'autres cueillirent des fruits dont ils mangèrent jusqu'aux noyaux. Nous ne nous attendions pas à voir des cannibales se contenter d'un repas aussi frugal.

« Nous leur offrîmes du biscuit, dont ils mangèrent volontiers, quoiqu'il fût en grande partie vermoulu; mais ils ne voulurent point goûter à notre fromage. Ils préférèrent à l'eau-de-vie et au vin l'eau d'une source voisine, dont ils burent en s'y prenant d'une manière assez plaisante. Leur tête étant penchée à sept ou huit décimètres au-dessus de l'eau, ils en jetèrent à plusieurs reprises avec la main sur leur visage, ouvrant à chaque fois une grande bouche pour recevoir l'eau qui se présentait à son ouverture; ils eurent bientôt ainsi étanché leur soif. On croira facilement que même les plus adroits buveurs ne pouvaient manquer de s'arroser une grande partie du corps.

« Dès que nous eûmes atteint le milieu de la montagne, les naturels qui nous suivaient nous engagèrent à ne pas aller plus loin, et nous avertirent que les habitants de l'autre côté de cette chaîne nous mangeraient. Nous continuâmes cependant de monter jusqu'au sommet, car nous étions assez bien armés pour ne pas craindre ces cannibales. Les montagnes que nous gravissions s'élèvent en amphithéâtre, et sont une continuation de la grande chaîne qui traverse l'île dans toute sa longueur. »

Ces explorations du pays furent plus d'une fois troublées par la turbulence des sauvages, qui tantôt volaient leurs instruments aux officiers qui faisaient des observations astronomiques, tantôt poursuivaient à coups de pierres les hommes des équipages qui venaient faire du bois et de l'eau. Ils finirent pourtant par s'amender : on leur traça sur le sable des lignes de démarcation au delà desquelles il leur fut défendu de passer, et peu à peu ils se soumirent à ces conditions.

« Ce qui les poussait principalement au rapt et aux violences, c'était la faim, et, remarque singulière pour des cannibales, beaucoup d'entre eux mangeaient, pour satisfaire leur appétit, de gros morceaux d'une stéatite très-tendre, de couleur verdâtre. Cette terre sert à amortir le sentiment de la faim en remplissant leur estomac et en soutenant ainsi les viscères attachés au diaphragme, et, quoiqu'elle ne fournisse aucun suc nourricier, elle est cependant très-utile à ces peuples, souvent exposés à de longs jeûnes forcés, parce qu'ils s'adonnent très-peu à la culture de leurs terres, d'ailleurs très-stériles.

« Nous avions formé le dessein de visiter le revers

des montagnes situées au sud de notre mouillage, et, au nombre de vingt-huit, tous bien armés, nous nous mîmes en marche pour cette nouvelle exploration. La fumée qui s'élevait par intervalles du fond d'un bosquet que nous voyions à peu de distance nous engagea à y diriger notre route. J'y rencontrai deux hommes et un enfant occupés à faire griller sur les charbons des racines d'une espèce de haricot que ces insulaires appellent *yalé*. Elles se ressentaient de l'aridité du sol où elles avaient pris naissance : leurs fibres étaient presque ligneuses.

« Nous rencontrâmes tout près de là une petite famille qui parut alarmée à notre approche. Aussitôt nous leur fîmes à tous des présents dans l'espoir de les rassurer, ce qui réussit à l'égard du mari et des deux enfants; mais l'un d'entre nous ayant offert une paire de ciseaux à la mère, et ayant voulu lui en montrer l'usage en lui coupant quelques cheveux sur-le-champ, cette pauvre femme se mit à pleurer; sans doute elle s'imaginait que c'en était fait d'elle. Cependant elle se calma dès qu'on l'eut mise en possession de l'instrument.

« Les habitants de ces montagnes nous parurent dans la plus grande misère ; ils étaient tous d'une extrême maigreur. »

La Billardière demeura trois semaines à explorer ainsi l'intérieur de la Nouvelle-Calédonie. Nous verrons plus loin quels furent les résultats de ses recherches scientifiques. Si sa relation se rapproche sur divers points de celles de Cook et de Forster, elle offre, d'un autre côté, des dissidences et des contradictions qui n'ont pas échappé au lecteur, et qui seront encore bien plus sensibles quand nous étudierons, d'après ces récits comparés entre eux, le caractère et les mœurs des Nouveaux-Calédoniens.

Mort des deux commandants de l'expédition.

Avant de quitter la Nouvelle-Calédonie, le commandant d'Entrecasteaux eut la douleur de perdre son second, le capitaine Huon, commandant *la Recherche*. Ce brave marin mourut, le 6 mai 1793, des suites d'une fièvre hectique, et fut inhumé, suivant son vœu, dans la petite île qui avait servi d'observatoire à Cook, et que les naturels appellent Boudioué. Il avait recommandé qu'on l'enterrât pendant l'obscurité de la nuit et qu'on n'élevât aucun monument sur sa tombe, de peur que les sauvages ne vinssent à connaître le lieu de sa sépulture[1]. Quelques jours après cette douloureuse cérémonie, qui fut le premier acte religieux accompli sur cette terre sauvage, la petite escadre s'éloigna des rivages de la Nouvelle-Calédonie.

1. Un monument fut élevé plus tard par les missionnaires de Balade dans l'île où reposent les restes mortels du capitaine Huon de Kermadec.

Par une singulière et triste fatalité, le commandant d'Entrecasteaux mourut à son tour, quelques mois après, à l'île de Java, presque au terme de sa pénible expédition. Sa vie fut abrégée par de cruels chagrins. Le désordre s'était mis dans son équipage. On avait appris à bord les événements qui s'étaient passés en France : une partie des officiers et des matelots avaient acclamé la révolution triomphante; d'autres étaient demeurés fidèles à la cause royale. Cette petite escadre, se disputant pour la couleur du pavillon, offrait, au delà des mers, le déplorable spectacle de la France elle-même, alors en proie aux plus sanglantes divisions.

Telle fut la triste issue de l'expédition de d'Entrecasteaux. Mais si le voyage de ce navigateur n'a pas atteint le but qu'on se proposait relativement à la recherche des compagnons de La Pérouse, en revanche il a rendu de grands services aux sciences et à la navigation. Le capitaine Dumont-d'Urville lui rend ce témoignage dans la préface de son voyage autour du monde : « Par leur suite, dit-il, par leur exactitude et par la confiance qu'ils peuvent inspirer, ces travaux surpassent tout ce qui avait été fait jusqu'alors, et n'ont encore été surpassés par aucun de ceux qui ont été exécutés depuis. »

CHAPITRE III.

EXPLORATIONS RÉCENTES DE L'ARCHIPEL CALÉDONIEN.
(1793-1843.)

Depuis les voyages de Cook et de d'Entrecasteaux jusqu'à celui de Dumont-d'Urville, aucune reconnaissance authentique ne semble avoir été faite de la Nouvelle-Calédonie. Deux ou trois navigateurs anglais, sans mission de leur gouvernement, ont paru sur ces rivages dans les dernières années du xviii° siècle, mais ils n'ont donné sur la contrée que des notions contradictoires ou inexactes. Cependant, en 1793, le capitaine Kent, commandant *le Buffalo*, reconnut la côte sud-ouest, visitée par d'Entrecasteaux deux ans auparavant. Il constata que l'issue à laquelle d'Entrecasteaux avait donné le nom de hâvre Trompeur était au contraire un excellent port. Il y séjourna six semaines, et lui donna le nom de *port Saint-Vincent*. « J'y fus, dit-il, abondamment pourvu par les insulaires de cannes à sucre, d'ignames et de poissons, qu'ils échangeaient contre tout ce qu'on voulait leur donner. Le drap commun paraissait leur plaire par-dessus toute autre chose. Le fer leur était inconnu, aussi n'en faisaient-ils aucun cas. »

A partir de la paix de 1815, un grand nombre de voyages de circomnavigation ont été entrepris par les diverses puissances européennes, notamment par l'Angleterre, la France et la Russie. Mais la plupart des navigateurs, dans leurs voyages autour du monde, négligèrent la Nouvelle-Calédonie, dont les abords étaient si dangereux pour les vaisseaux, et qui n'offraient guère de ressources pour un commerce lucratif. Depuis le naufrage que le capitaine Flinders fit dans ces parages, l'archipel calédonien n'était guère visité que par quelques baleiniers américains ; ceux-ci n'avaient que peu de rapports avec les naturels du pays : la réputation d'anthropophages faite aux Calédoniens éloignait de ces rivages les armateurs de Sydney.

Voyages de Dumont-d'Urville. (1826, 1829, 1840.)

Le capitaine Dumont-d'Urville, pendant son premier voyage de circomnavigation sur la corvette *l'Astrolabe*, ne fit aussi que naviguer en vue de la Nouvelle-Calédonie, sans y aborder. Dans une lettre du ministre de la marine destinée à lui servir d'instructions pendant son voyage, on lui recommandait de se rendre dans les parages de la Nouvelle-Calédonie au printemps de 1827. Voici ce qui motivait cet itinéraire.

« Un capitaine américain, disait M. de Chabrol, a dit avoir vu entre les mains des naturels d'une île située dans l'intervalle de la Nouvelle-Calédonie, à la Louisiade, une croix de Saint-Louis et des médailles qui lui ont paru devoir provenir du naufrage du célèbre navigateur dont la perte cause de si justes regrets. Sans doute ce n'est là qu'un bien faible motif d'espérer que les victimes de ce désastre existent encore; cependant, Monsieur, vous donneriez à S. M. une satisfaction bien vive si, après tant d'années d'exil et de misère, quelqu'un des malheureux naufragés était rendu par vous à sa patrie ! »

Le mémoire officiel d'instructions nautiques ajoutait : « Il est à présumer que, si la corvette *l'Astrolabe* quitte les îles Fidji le 27 mars, elle pourra se trouver aux environs de la Nouvelle-Calédonie le 6 avril suivant. La route sera dirigée à l'ouest, de manière à passer en vue des îles les plus méridionales de l'archipel des Hébrides, appelées *Erronan* et *Anatom*; ensuite on se tiendra entre les parallèles des 20ᵉ et 21ᵉ degrés de latitude. Les côtes de la Nouvelle-Calédonie et les récifs dont elles sont environnées ont été reconnus par Cook et le contre-amiral d'Entrecasteaux; il serait sans objet de s'en occuper; mais un groupe d'îles, qui porte sur la nouvelle carte le nom de *Loyalty*, et dont l'extrémité occidentale se trouve à peu près sur le même méridien que les îles Beaupré reconnues par d'Entrecasteaux, mérite toute l'attention de M. d'Urville. Nous n'avons aucun détail certain sur l'étendue et la position de ces îles.

« La carte de l'atlas de Krusenstern, où se trouve la Nouvelle-Calédonie, semblerait indiquer que la côte occidentale des deux îles les plus méridionales des Loyalty, ainsi que les côtes sud des trois autres îles, ont été visitées. M. d'Urville tâcherait donc de venir reconnaître l'extrémité la plus sud de ces îles les plus méridionales. En quittant ces îles, il serait avantageux de rattacher leur position à quelques points dont la position géographique a été antérieurement déterminée par le contre-amiral d'Entrecasteaux; les îles Beaupré offriront cet avantage; mais il faudrait passer au sud de ces îles, parce que c'est la partie nord qui a été vue précédemment. »

Reconnaissance des îles Loyalty.

Ainsi les instructions du capitaine Dumont d'Urville lui prescrivaient tout simplement de reconnaître les îles dépendant du groupe de la Nouvelle-Calédonie. Ces îles, malgré leur étendue et leur situation sur le chemin des navires qui vont de la Nouvelle-Galles du sud en Chine ou aux Indes par la route du nord, étaient restées presque inconnues à la géographie, et l'on n'avait que des données très-vagues sur leur position, sur leur nombre et même sur leur existence. Quelque rapprochées qu'elles fussent de la Nouvelle-Calédonie, elles avaient échappé par un hasard assez singulier aux recherches du capitaine Cook, lors de son exploration de la côte orientale de cette grande île. Dix-neuf ans plus tard, d'Entrecasteaux, se rendant de Tonga-Tabou au mouillage de Balade, tomba sur l'extrémité septentrionale des îles Loyalty, qu'il nomma îles *Beaupré*. Sans les cris des oiseaux qui vinrent avertir, au milieu de la nuit, l'officier de quart, et l'engagèrent à mettre prudemment en panne, les frégates se fussent peut-être brisées sur les écueils qui environnent ces îles; en outre, si la direction de leur route eût été un peu plus au sud, elles se fussent sans doute engagées dans l'enfoncement qui règne entre l'île Halgan et les îles Beaupré, réunies par une chaîne de brisants, et leur perte n'était guère moins certaine, eu égard aux vents violents d'est qui régnaient alors et au courant assez général de cette même partie. C'est donc à l'expédition de d'Entrecasteaux qu'on a dû la première connaissance des îles Loyalty, quoique ce navigateur fût loin de soupçonner qu'elles avaient une si grande étendue.

Si l'on s'en rapporte à l'indication de la carte d'Arrow-Smith, il paraîtrait que ce fut dans l'année 1803 que le navire *la Britannia* les aurait reconnues ; car cette carte présente la route de ce bâtiment, et le nom de *Loyalty* appliqué à cinq portions de côtes vaguement tracées.

Horsburgh, dans son *India Directory*, se contente de dire, en parlant des routes que doivent suivre les navires qui veulent se rendre de la Nouvelle-Hollande en Chine : « Les îles Loyalty forment une longue chaîne à l'est de la Nouvelle-Calédonie, ayant un canal sûr entre elles et sa côte orientale. »

L'amiral Krusenstern, dans ses *Mémoires hydrographiques sur l'océan Pacifique*, s'exprime ainsi qu'il suit touchant cet archipel : « A l'est de la Nouvelle-Calédonie on trouve sur plusieurs cartes des îles nommées *Loyalty ;* cependant j'avoue que je ne puis rien en dire de certain : car, d'après les uns, elles furent découvertes en 1800 par le vaisseau *le Walpole*, et, d'après d'autres, en 1803 par le vaisseau *la Britannia*. On n'a aucun détail ni sur leur étendue ni sur leur position géographique. Aucun des navigateurs connus ne les a vues, quoique leur route portât tout près de ces îles, que j'ai placées dans ma carte comme elles le sont dans celle d'Arrow-Smith. »

Ce furent ces motifs mêmes qui engagèrent M. le contre-amiral de Rossel à faire de la reconnaissance des îles Loyalty un des points principaux des instructions de M. Dumont d'Urville.

Le 15 juin 1827, *l'Astrolabe* arriva en vue d'une

île dépendant des Loyalty. « Cette terre, dit M. Dumont d'Urville, élevée de cinquante à soixante toises au plus, semblait fort uniforme, et ses monticules, constamment découpés à angles droits et terminés par des lignes parfaitement horizontales, imitaient admirablement des coupes d'édifices ou de fortifications. Cette forme, jointe à leur couleur blanchâtre, indique que leur nature doit être calcaire, et peut-être calcaire madréporique. Nous ne remarquâmes point d'arbres sur les hauteurs; seulement, vers la partie sud, des pins (probablement ceux de la Nouvelle-Calédonie) et des cocotiers sur le rivage. Quelques fumées nous annoncèrent la présence de l'espèce humaine, et je distinguai même à la longue-vue une cabane allongée, semblable à une tente à cette distance. Chose assez étrange en ces parages! aucun récif n'environnait l'île, et partout la mer brisait à la plage. Le soir nous passâmes à moins de deux milles du cap *Coster*, qui termine au N.-E. cette île, à laquelle je donnai le nom de *Britannia*, du navire qu'on suppose avoir le premier aperçu le groupe des îles Loyalty.

« Au point du jour, le 16, nous reconnûmes que le courant nous avait considérablement entraînés au N.-O., et nous avait rapprochés d'une île (île Boucher) située dans le nord de l'île Britannia, constituée à peu près de la même manière, mais beaucoup plus petite, puisqu'elle n'a guère plus de huit à dix milles de circonférence. Alors nous ralliâmes la côte septentrionale de l'île Britannia, et reconnûmes deux caps très-saillants qui reçurent les noms de *Roussin* et *Mackau ;* l'un forme la pointe N., et l'autre la pointe N.-O. de Britannia. De là nous gouvernâmes au N.-O. pour déterminer quatre petites îles situées à la suite de celles-ci et assez rapprochées les unes des autres (îles de Molard, Hamelin, Laîné et Vauvilliers). Sur la première, dont nous ne passâmes qu'à une lieue, nous distinguâmes des feux et plusieurs de ces pins à forme bizarre, semblables à des colonnes, que Cook observa le premier sur les côtes de la Nouvelle-Calédonie.

« Dans l'après-midi nous approchâmes et prolongeâmes à quatre ou cinq milles de distance la côte d'une île beaucoup plus grande, à laquelle nous donnâmes d'un commun accord le nom de *Chabrol*, en mémoire du ministre à qui la France avait dû l'expédition de *l'Astrolabe.* Malgré la brume épaisse qui nous masquait souvent la vue des terres, nous reconnûmes qu'elle était plus montueuse et beaucoup mieux boisée que l'île Britannia. Sur la partie du N.-E. se trouve un vaste enfoncement (baie *Chateaubriand*) qui offre sans doute un bon abri contre les vents du S.-O., mais très-peu avantageux contre les vents régnants de l'est.

« A six heures du soir, nous trouvant à six milles environ dans l'E. de sa pointe N.-E., qui reçut le nom de *cap Bernardin-de-Saint-Pierre*, nous diminuâmes de voiles et serrâmes le vent tribord pour ne pas le dépasser dans la nuit. Au soir, le ciel s'éclaircit et la nuit fut fort belle.

« Le 17, à quatre heures du matin, nous laissâmes porter sur la partie N. de l'île Chabrol, dont nous ne nous étions pas éloignés à plus de six à sept milles, et nous la prolongeâmes à moins de deux milles de distance. A cet éloignement nous en saisîmes parfaitement les moindres détails; partout la côte est taillée à pic, sauvage et revêtue seulement de buissons, d'arbrisseaux et de quelques bouquets de cocotiers rabougris semés çà et là. Nulle apparence d'hommes ni d'habitations. Nous passâmes devant un enfoncement assez remarquable, d'où les vents de terre nous apportaient des odeurs très-suaves, et je me disposais à serrer la côte de près, quand, à neuf heures, la vigie des barres annonça sur tribord un brisant au large et détaché de la côte. Un instant je voulus essayer de passer entre lui et la terre, mais je réfléchis que la tentative serait trop imprudente. Nous continuâmes à suivre à six ou sept milles de distance la côte ouest qui, dans cette partie, semblait offrir, entre deux pointes bien prononcées (pointes *Aimé-Martin* et *Lefèvre*), une baie spacieuse où l'on ne peut pas manquer de trouver un bon mouillage contre les vents régnants de l'est.

« A trois heures du soir, nous venions d'explorer environ soixante-dix à quatre-vingts milles des côtes de l'île Chabrol, au moins les trois quarts de son périmètre, et la côte fuyait vers le S.-E.; aucune autre terre ne se présentant ni dans le sud ni dans l'ouest, je ne songeai plus qu'à me diriger sur les îles Beaupré, ainsi qu'il m'était prescrit. En conséquence, le cap fut mis à l'O. $^1/_4$ N.-O. sous toutes voiles, avec une petite brise d'E.-S.-E. et beau temps. Il n'y avait pas plus d'une demi-heure que nous suivions cette route, et nous n'avions pas encore perdu de vue les terres de l'île Chabrol, quand la vigie nous en annonça de nouvelles de l'avant; à cinq heures elles furent visibles de dessus le pont, et s'annoncèrent sous le même aspect que celles de l'île Britannia, c'est-à-dire basses, uniformes, et sans accident de terrain bien sensible. Il était trop tard pour en entreprendre la reconnaissance, et nous passâmes sous petits bords la nuit, qui fut charmante. La nouvelle île reçut le nom d'île *Halgan.*

« Au jour, je gouvernai sur l'île Halgan, distante de huit à neuf milles, et peu après nous distinguâmes de l'arrière cinq pirogues. Une d'elles semblait s'avancer dans nos eaux, et je fus curieux de communiquer avec ces naturels pour savoir s'ils appartenaient à la race de la Nouvelle-Calédonie, décrite par Forster. En conséquence, je mis en panne pour les attendre; mais, lorsque la première pirogue qui venait sur nous ne fut plus qu'à une demi-lieue de distance, elle mit en travers et en laissa passer devant elle une autre qui fit aussitôt la même manœuvre. Les trois autres continuèrent leur route à l'ouest. Nous fîmes tous les signaux que nous jugeâmes les plus propres à les attirer vers nous; mais ces efforts furent inutiles. Ce que nous avons pu discerner à la longue-vue nous a prouvé que ces pirogues étaient assez larges, longues, lourdes et mauvaises voilières. Elles semblaient chargées d'hommes, et revenaient peut-être de quelque excursion militaire sur l'île Chabrol. Notre présence parut les gêner un moment et leur fit faire fausse route; car elles reprirent celle qu'elles suivaient d'abord, dès qu'elles nous virent leur laisser le champ libre en remettant le cap au nord. Les naturels nous parurent couverts de bonnets pointus, dont la couleur blanche contrastait singulièrement avec la teinte noire de leur peau.

« L'île Halgan offre sur sa partie orientale une large baie peu profonde, qui s'étend l'espace de neuf milles depuis la pointe Saint-Hilaire jusqu'à la pointe du N.-E., mais ne peut offrir de ressources contre les vents ordinaires en ces mers.

Nous continuâmes notre route au nord, afin de contourner l'île par ce côté; mais la brise tomba entièrement, et nous restâmes en calme avec un temps superbe. Au coucher du soleil nous étions à trois lieues de terre, et nous passâmes la nuit en calme.

« Dès le matin du 19, nous profitâmes d'une jolie brise du S.-S.-E. pour nous rapprocher de la côte septentrionale de l'île Halgan, et bientôt nous la prolongeâmes à deux milles de distance. La pointe du N.-E. est basse, bien boisée et couverte de cocotiers. En continuant à nous en approcher, nous remarquâmes deux ou trois fumées, et peu après une quarantaine de naturels qui accouraient à la plage pour nous voir passer. Là nous retrouvâmes une longue lame qui venait briser à la côte avec fureur. Après avoir dépassé de quatre milles le cap le plus septentrional, que nous avons nommé cap *Rossel*, et sur lequel on observe çà et là des bouquets de cocotiers et de pins, la terre se réduit à une chaîne d'îlots peu élevés, équarris, taillés à pic sur les flancs et couverts de bouquets de verdure. Nous n'en comptâmes pas moins d'une quinzaine; les divers changements à vue que produisait notre route, alors assez rapide et très-rapprochée, variaient à chaque instant les effets de perspective, et nous offraient un spectacle ravissant. Vers quatre heures je me trouvais, d'après nos observations, très-près de la position des îles

Beaupré; et en effet, en observant plus attentivement les positions relatives et l'aspect des trois dernières îles Loyalty, je reconnus que ce n'était pas autre chose que celles qui furent ainsi désignées dans le voyage du contre-amiral d'Entrecasteaux. A cinq heures vingt-deux minutes du soir, nous n'étions qu'à un mille au N.-E. du récif qui les environne : nous terminâmes ainsi notre reconnaissance des îles Loyalty en liant nos opérations, de la manière la plus immédiate, aux excellents travaux de M. d'Entrecasteaux. Nous désignâmes par le nom de *Pléiades* les petites îles situées entre l'île Halgan et le groupe Beaupré.

« Après avoir encore passé la nuit aux petits bords, le 20, à cinq heures du matin, nous fîmes servir au N.-O. $^1/_4$ O., et dès neuf heures la vigie des barres signala un récif isolé dans l'ouest; je fis gouverner droit dessus jusqu'au moment où nous n'en fûmes plus qu'à deux milles : nous passâmes à moins d'un mille de la partie septentrionale, qui était occupée par un îlot de sable presque au niveau de l'eau, et sur lequel la mer brisait avec une violence extrême. Cet écueil peut avoir quatre à cinq milles du nord au sud; mais nous n'en vîmes pas l'extrémité méridionale. Quelques années encore, et qu'un petit nombre de cocos et de graines de *Barringtonia* et d'autres plantes viennent à y germer, et ce sera bientôt une île véritable.

« Mais je m'aperçus que l'équipage de *l'Astrolabe* faisait des réflexions d'un tout autre genre que les miennes. Échappés à peine aux dangers que leur avaient offerts la Nouvelle-Zélande, les îles Tonga et les îles Fidji, ils ne rêvaient plus qu'écueils, et l'on pouvait facilement juger que leur moral était singulièrement ébranlé par la nature de notre navigation. Pour le raffermir un peu, du moins pour le distraire de ces sombres idées, je promis une piastre à quiconque annoncerait une île ou un écueil que je n'aurais point signalé d'avance. Bientôt les hunes et les barres furent pleines de guetteurs, et tous, jusqu'au coq (cuisinier de l'équipage), cherchèrent à gagner la prime.

« Ils y réussirent bientôt; car nous avions à peine perdu de vue les derniers récifs, que la vigie en signala un autre de l'avant, à toute vue. Ce nouvel écueil, dont nous ne passâmes qu'à deux milles, s'étend comme le précédent, dont il est éloigné de cinq lieues, l'espace de six à sept milles, du nord au sud; je penche fort à croire qu'ils sont réunis l'un à l'autre par une branche plus reculée vers le sud, que nous n'avons pu apercevoir, et de manière à former une espèce de fer à cheval, comme la plupart de ceux qui sont connus dans la mer de Corail.

« Ces écueils reçurent le nom de *récifs de l'Astrolabe*, et sont d'autant plus redoutables qu'ils sont éloignés de près de trente milles des îles Beaupré, et de soixante milles des côtes les plus voisines de la Nouvelle-Calédonie. »

Après avoir fixé ces positions avec la plus grande précision, le capitaine Dumont-d'Urville continua sa route vers la pointe septentrionale des récifs de la Nouvelle-Calédonie; il devait combler la lacune laissée par la reconnaissance de d'Entrecasteaux, et vérifier la forme exacte des récifs septentrionaux, appelés par ce navigateur *récifs des Français*. D'Entrecasteaux avait seulement fixé la position des points nord-ouest et nord-est de ces récifs, et quelques géographes avaient présumé que ces brisants pouvaient se prolonger encore plus au nord. C'était là un point de géographie nautique à vérifier.

Au mois de mars 1827, par une excellente brise de l'E.-S.-E. jointe à un temps magnifique, *l'Astrolabe* côtoya ces dangereux parages. Bientôt la mer devint mauvaise, et les courants portèrent le navire vers la pointe nord des récifs septentrionaux. Le capitaine passa à quatre milles seulement de cette pointe, et put s'assurer que, loin de se prolonger vers le nord, le brisant se replie sur lui-même, et forme un enfoncement de six milles de profondeur sur treize milles de largeur. Il aperçut à fleur d'eau la petite île Huon, basse et boisée et d'un mille à peine de circuit, et se hâta de s'éloigner de cet archipel de corail si dangereux pour les navires.

Si l'on jette les yeux sur la carte des îles Loyalty, levée par M. Guilbert, officier de *l'Astrolabe*, avec tout le soin possible, on remarquera qu'elle offre un développement de près de deux cents milles de côtes ou brisants, et qu'il ne peut guère rester que soixante ou soixante-dix milles encore inexplorés.

Le capitaine Dumont-d'Urville avait ajourné à l'année suivante le projet de compléter cette lacune. Alors, pourvu de nouvelles ancres à jet et de nouveaux grelins, il eût prolongé de près la côte occidentale de ces îles, reconnu la limite vers le sud des Pléiades et du groupe Beaupré, et vérifié si les récifs de l'Astrolabe ne formaient qu'un grand cercle de brisants ou étaient deux récifs isolés ; il eût enfin cherché un mouillage sur ces îles, afin d'étudier leurs productions et les mœurs des naturels qui les habitent. Il se flattait d'exécuter ce projet avec d'autant moins de peines et de dangers, qu'alors il aurait eu à naviguer doucement sous le vent de ces îles, dans un canal déjà reconnu comme sûr par divers navigateurs, et occupé par une mer toujours paisible. Mais les nouvelles inattendues qu'il reçut à Hobart-Town six mois après, touchant les découvertes faites à Tikopia des vestiges de La Pérouse, dérangèrent tous ces projets et entraînèrent *l'Astrolabe* vers d'autres lieux, vers d'autres dangers.

Le 24 septembre 1841, le capitaine Burrow, commandant le navire anglais *the Pearl*, découvrit, par 21°,59' de latitude sud et 16°,30' de longitude à l'est de Greenwich (166°,10' à l'est de Paris), une île d'un aspect pittoresque, bien boisée, et avec des cocotiers jusqu'au bord de la mer. La direction générale de l'île est le N.-N.-E. sur une longueur de 20 à 25 milles. Dans la supposition que cette île était une nouvelle découverte, il la nomma *île Burrow*.

Aucune île ne se trouve en effet indiquée dans cette position, mais on trouve dans ces environs une île *Walpole* et un récif *Durand*, à propos desquels le navigateur russe Krusenstern dit, dans les suppléments à ses *Mémoires hydrographiques* :

« Quoique ces deux écueils, depuis leur découverte (en 1794), aient été vus, d'après Horsburg, par plusieurs navires, il ne paraît pas que leur position ait été changée; elle reste donc telle que leur position a été déterminée par le capitaine Dutler. Le capitaine Golowine en 1817, et le capitaine Kroustihef en 1820, ont cherché l'île Walpole dans la latitude et la longitude indiquées sans pouvoir la trouver. Il faut donc de nouvelles observations pour fixer leur position. »

Ne serait-ce pas l'île Walpole qui aurait été revue par *the Pearl*?

Le capitaine Dumont-d'Urville, dans son second

voyage, en 1840, a passé au nord de cette position en venant attaquer les îles Loyalty; mais, comme il faisait nuit, il n'a pu la reconnaître exactement.

Ici se termine la partie proprement dite des voyages de découvertes et d'exploration sur les côtes et dans l'intérieur de la Nouvelle-Calédonie. Ce n'est pas que cette île n'ait été depuis visitée à plusieurs reprises par des navires européens, et notamment par les vaisseaux de la station française de l'océan Pacifique[1]; mais ces voyages se rattachent à l'établissement des missions catholiques, à des entreprises commerciales, ou aux projets de colonisation dont nous allons maintenant nous occuper. Ils auront donc leur place toute marquée dans cette nouvelle partie de notre travail. Les voyages de découvertes nous ont fait connaître la Nouvelle-Calédonie au point de vue géographique; avec les missions chrétiennes va commencer l'histoire de ce pays, auquel l'occupation française et de sérieux essais de colonisation vont peut-être ouvrir, comme à l'Australie, un magnifique avenir.

1. Le dernier voyage officiel fait à la Nouvelle-Calédonie, avant la prise de possession de cette île, est celui du capitaine d'Harcourt, commandant le navire de l'État *l'Alcmène*, pendant l'année 1850. Cette relation, qu'on dit des plus curieuses, n'est pas encore imprimée.

DEUXIÈME PARTIE.

MISSIONS.

CHAPITRE PREMIER.

MISSIONS CATHOLIQUES.

I.

VICARIAT APOSTOLIQUE DE LA NOUVELLE-CALÉDONIE.

L'occupation des îles Marquises par la France et la création d'une station maritime dans les mers de l'Océanie ouvrirent une voie plus active aux explorations et facilitèrent l'établissement des missions catholiques. Déjà plusieurs îles de ces parages avaient reçu le bienfait du christianisme. Catholiques et protestants se disputaient le périlleux honneur de conquérir à leur religion ces peuplades sauvages, plongées dans les ténèbres de la plus grossière idolâtrie. La tâche était moins difficile auprès des tribus pacifiques de la Polynésie, qui, subissant l'ascendant de la civilisation européenne, se détachaient aisément de leurs pratiques banales, de leurs croyances superficielles et sans racines. Il ne devait pas en être de même auprès des tribus superstitieuses et féroces de la Nouvelle-Calédonie. Les catéchistes protestants avaient déjà échoué dans une ou deux tentatives sur cet archipel, quand vinrent s'y établir les missionnaires catholiques, réservés, eux aussi, à de cruelles épreuves.

Vers la fin de 1843, la gabare *le Bucéphale*, commandée par M. Julien La Ferrière, capitaine de corvette, était détachée de la station française de l'océan Pacifique, alors commandée par le contre-amiral Dupetit-Thouars. Elle avait pour mission de visiter les îles Tonga-Tabou, Wallis, Futuna et quelques autres groupes d'îles de l'Océanie occidentale, et d'y déposer des missionnaires. *Le Bucéphale* arriva en vue du hâvre de Balade le 19 décembre 1843. Il avait à son bord deux prêtres de la congrégation de Marie, les PP. Viard et Rougeyron, et deux frères laïques. A la tête de cette petite colonie était un digne et savant ecclésiastique du diocèse de Clermont en Auvergne, M. Douarre, ex-coadjuteur de Mgr Bataillon, évêque de Wallis. Il venait d'être promu par le saint-siége au vicariat apostolique de la Polynésie-Occidentale, avec le titre d'évêque d'Amata *in partibus*. La Nouvelle-

Calédonie devait être le siége de la nouvelle mission. Son prélat, valeureux champion de l'Église militante, devait avant tout conquérir son diocèse, et, comme les premiers apôtres, il lui fallait entreprendre cette conquête sans autres armes que la croix et la parole évangélique : tâche laborieuse et pleine de périls, où tout lui fit défaut, hormis la foi et la persévérance dans son œuvre ! Mais, avant de raconter l'établissement de la mission catholique de la Nouvelle-Calédonie et les épreuves qu'elle eut à subir, il est à propos de faire connaître l'état du pays et les dispositions dans lesquelles se trouvaient alors les habitants vis-à-vis des Européens.

Station du *Bucéphale* à Balade. (1843.)

Depuis l'expédition de d'Entrecasteaux, les naturels de Balade n'avaient pas reçu la visite de vaisseaux de guerre, ces *manoua* qui dans l'origine les avaient tant effrayés. Ils n'étaient pas encore familiarisés avec la vue des hommes blancs, et, comme ils voyaient les voiles des navires se perdre à l'horizon dans les nuages, ils s'imaginaient que ceux qui les montaient étaient des génies descendus du ciel. Aussi plusieurs chefs vinrent-ils dans leurs pirogues au-devant du *Bucéphale*, agitant un morceau d'étoffe blanche (*tapa*) en signe d'amitié. Le chef de Balade, Téa-Pouma, osa même monter à bord ; il accepta à déjeuner avec quelques personnes de sa suite, et s'en retourna tout joyeux en s'écriant : *E lelei! E lelei!* « C'est très-bien! »

M. La Ferrière avait pour instructions de traiter, au nom du roi des Français, avec les différents chefs de la contrée, et de leur faire des présents, afin de se concilier leur amitié et de faciliter ainsi la tâche des missionnaires. Le bruit de la présence d'un navire français s'étant répandu dans le pays, plusieurs autres *alikis* (chefs de canton) vinrent à Balade, attirés par la curiosité. Parmi eux se trouvait Pakili-Pouma, roi de Koko, et Tchapéa, roi de Bondé. Pakili-Pouma paraissait le plus faible et le moins respecté de tous les chefs. Sa figure carrée, ses lèvres pendantes, son regard terne, donnaient une pauvre idée de sa triste personne, déformée en outre par une hideuse éléphantiasis. Tchapéa, au contraire, paraissait exercer un grand ascendant sur ses sujets : il était accompagné de cent cinquante ou deux cents individus qui, par parenthèse, poussèrent la curiosité jusqu'à visiter les poches des matelots. Le roi de Bondé n'en fut pas moins traité avec les honneurs dus à son rang. Sa haute taille, sa figure relativement belle, son air décidé dénotaient une intelligence bien plus prompte que celle des autres chefs. Il fut invité à déjeuner à bord du *Bucéphale*, et parut prendre goût à la cuisine européenne ; mais le pain était ce qu'il préférait à tout. Le vin lui fit d'abord faire la grimace; mais il finit par s'y habituer. Au dessert, il s'extasia beaucoup devant la glace du salon, dans laquelle il voyait se refléter son image. Sa femme reçut en cadeau un petit miroir dont, bien que laide et sauvage, elle sut bientôt trouver l'emploi.

Le commandant du *Bucéphale* et l'évêque d'Amata avaient l'intention de réunir ainsi les principaux alikis de la contrée; mais il leur fallut y renoncer, car la plupart étaient ennemis et conservaient les uns contre les autres un vieux levain de ressentiment. Ils durent traiter séparément avec les différents chefs, mesure regrettable, car elle pouvait amener plus tard de fâcheuses rivalités. Parmi ceux qui vinrent de l'intérieur de l'île visiter le commandant du *Bucéphale*, nous citerons encore Teneun-Tombo, roi de Kouma, à l'ouest des montagnes. C'était le beau-père de Païama. Après le repas d'usage donné en son honneur et la distribution des présents, Teneundi alla s'asseoir dans la case royale avec son gendre, et l'entretint d'un air très-sérieux : Paoué, sa fille, était restée dehors, près de la porte.

« Je me trouvais à ses côtés, dit M. La Ferrière, lorsque le vieux roi de Kouma vint lui dire adieu; il lui parla quelque temps à l'oreille, et, bien qu'elle ne fût plus jeune, elle baissait humblement la tête et écoutait avec l'air soumis d'une simple enfant à qui son père donne des conseils. A la fin du discours paternel, elle versa quelques larmes : Teneundi l'appuya tendrement sur son sein, puis se leva pour aller rejoindre son escorte. Il était à peine à vingt pas de là que Paoué se mit à rire en me regardant. Ce trait d'insensibilité et d'hypocrisie me surprit étrangement, et me prouva que chez ces peuples, tout primitifs qu'ils sont, on sait feindre, aussi bien que chez nous, des sentiments qu'on n'éprouve pas toujours. La petite Kabondaou, fille de Païma, qui n'en était pas encore arrivée à ce degré d'astuce sauvage, vint en sautant gaiement prendre la main de son grandpère pour la poser sur son front, puis le quitta sans plus de tristesse. »

M. La Ferrière et Mgr Douarre s'étaient proposé de rendre leur visite à quelques-uns des chefs du pays. Accompagnés de quelques officiers et d'une escorte de matelots, ils se dirigèrent en canot vers l'embouchure du Diahot, qui a, en cet endroit, près d'un mille de largeur. Ensuite le lit de la rivière va se rétrécissant entre deux rideaux de palétuviers, et l'on n'aperçoit plus la chaîne de montagnes qui sépare Balade de la vallée de Koko, si ce n'est à travers quelques clairières. L'embarcation remonta la rivière de Diahot sur un parcours de treize à quatorze milles, pendant lequel elle conserve une largeur de trois cents à quatre cents mètres et une profondeur de huit à neuf pieds. Elle arriva enfin dans le royaume de Koko. Les naturels, qui étaient en train de se baigner, accueillirent les visiteurs avec de grandes démonstrations de joie, et les conduisirent à la demeure du roi Pakili-Pouma. Celui-ci les reçut cordialement, sous une espèce de hangar fermé seulement de trois côtés avec une toiture très-inclinée sur le derrière; c'était son palais et le lieu habituel de ses réceptions. Après les compliments et les présents d'usage, Mgr d'Amata et les missionnaires se dirigèrent vers le canton de Bondé.

Une nuit chez les sauvages.

Le commandant La Ferrière, qui désirait veiller sur l'embarcation, se décida donc à passer la nuit à la cour de Pakili-Pouma. « Je voyais se dessiner, dit-il, à la lueur du foyer rougeâtre, les silhouettes diaboliques des sauvages, et j'étais à peine rassuré par leurs marques d'amitié sur les intentions de ces anthropophages. » Il est vrai que, si les Calédoniens mangent leurs ennemis, ils exercent l'hospitalité envers les étrangers à la manière des Écossais d'Europe. Les matelots du *Bucéphale* n'eurent pas à se plaindre des naturels pendant cette excursion. Les officiers eurent même le plaisir d'assister à une fête donnée en leur honneur, et dans laquelle

Sa Majesté Calédonienne daigna exécuter elle-même un duo avec un de ses courtisans. Ce chant, d'abord assez monotone, s'anima peu à peu et prit à la fin un rhythme assez vif et très-expressif, qui fut accompagné des battements de mains en cadence de tous les assistants. A la mesure de plus en plus rapide et au jeu de physionomie des chanteurs, on devinait que leurs accords exprimaient quelque scène d'amour.

Vers neuf heures, la grande foule s'étant écoulée, les personnes de la famille, sans doute les plus intimes, soupèrent avec des crabes qu'Obi, la femme du roi, fit cuire dans la grande marmite en terre, unique ustensile du royal ménage, et qu'on distribua dans un certain ordre d'étiquette. La plus grande partie de la compagnie se retira ensuite; mais Pakili-Pouma prolongea la soirée avec quelques vieillards. Il est sans doute dans les usages du pays que le personnage qui reçoit attende que son hôte soit endormi pour se retirer. En vain M. La Ferrière engagea-t-il plusieurs fois le chef à aller prendre du repos; il n'en fit rien. Les invités furent obligés de faire semblant de dormir pour que le maître de maison allât se coucher. Mais, malgré la précaution qu'on prit d'entretenir du feu ou plutôt de la fumée dans la case, les officiers furent si tourmentés par les moustiques que, vers minuit, ils allèrent faire un tour vers le canot.

Ils y trouvèrent leurs matelots qui, dévorés aussi par les insectes, avaient allumé du feu dans la case d'une Calédonienne qui, bien que *tapou* (sacrée), avait consenti à leur tenir compagnie.

Le lendemain, après avoir exploré le village de Koko et les bords de la rivière, les officiers revinrent au salon de réception, où on leur servit un frugal déjeuner, composé des tiges d'un arbuste appelé par les naturels *paoui*, et qui, grillé sous la cendre, ressemble assez à notre salsifis pour l'aspect et pour le goût. Quand ces petits morceaux de bois furent cuits et ratissés avec des coquilles bénitiers, on en fit la distribution, en commençant par Pakili-Pouma, à qui l'on fit succéder le commandant, puis les autres invités, en suivant, comme d'habitude, l'ordre hiérarchique.

M. La Ferrière continua ensuite l'exploration de la vallée de Koko : « Nous traversâmes, dit-il, les champs de bananiers, d'ignames et de taros, qui occupent toute cette partie de la plaine, et nous ne pûmes nous empêcher d'admirer ce genre d'agriculture, qui annonce vraiment un art assez avancé. La terre de chaque champ est très-bien bêchée et relevée au-dessus du reste du sol, et des fossés sont pratiqués tout autour pour préserver les plants des inondations. Les bananiers, les ignames et le taro croissent dans un certain ordre, à des intervalles calculés, et chaque pied est soutenu par un échalas d'une force proportionnée à la nature de la plante. On pourrait souhaiter sans doute que ces plantations fussent plus dégagées des herbes qui les envahissent très-promptement, mais cela ne prouve que la paresse, et n'accuse pas réellement le défaut de savoir chez ces pauvres agriculteurs, auxquels il ne manque, je crois, que des instruments plus commodes que leurs simples pieux en bois pour tirer un très-bon parti de la culture de leurs terres.

« En somme, ajoute M. La Ferrière, tout le pays que nous avons parcouru en remontant ces quatorze ou quinze milles de rivière ne laisse pas que d'avoir de grandes ressources pour une exploitation européenne, et fait pressentir les avantages que la France pourrait retirer de la possession de cette grande île. »

Établissement de la mission française.

Au retour de cette excursion, le commandant du *Bucéphale* s'occupa de l'établissement des missionnaires. Il fut décidé que le siége de la mission serait au village même de Balade. Tea-Paiama se prêta avec beaucoup d'obligeance au vœu du commandant La Ferrière et de l'évêque d'Amata. Il fit déblayer le sol par ses gens et accorda aux matelots la permission de couper des arbres sur son terrain pour construire la maison des missionnaires. Le contrat d'achat fut rédigé avec son agrément, et il en reçut le prix en objets d'échange et en présents de toute sorte [1].

Ce fut le jour de Noël de l'année 1843 que Mgr d'Amata prit possession de son domaine apostolique. La Providence semblait avoir choisi ce jour, qui allait ouvrir pour un peuple idolâtre l'ère de la rédemption. La mission fut inaugurée par une messe solennelle d'actions de grâce, à laquelle assistèrent l'équipage du *Bucéphale* et un grand nombre d'indigènes. Il faisait un temps admirable, et tout concourait à embellir cette pieuse cérémonie. Une enceinte de cocotiers dessinait l'abside d'un temple auquel un ciel du bleu le plus pur servait de voûte. Un dais de feuillage ombrageait l'autel, que les mains industrieuses des missionnaires avaient paré de guirlandes fraîchement cueillies. Le chant des oiseaux perchés dans les arbres et le bruit de la vague, qui se mêlaient aux accents religieux, contribuaient à donner à cette touchante cérémonie un caractère de simplicité et de grandeur dont les naturels eux-mêmes furent vivement impressionnés.

Pendant sa station au mouillage de Balade, l'é-

---

1. Ce procès-verbal d'acquisition a été joint par M. La Ferrière au dossier des pièces officielles qui concernent la Nouvelle-Calédonie.

quipage du *Bucéphale* fut occupé à construire le bâtiment de la mission. Ce modeste établissement, tout incomplet qu'il était encore, fut inauguré le dimanche 21 janvier. En même temps que Mgr d'Amata déployait dans cette cérémonie les pompes du culte catholique, M. La Ferrière avait fait mettre tout l'équipage sous les armes, afin d'inspirer aux chefs une crainte salutaire du pavillon français.

Le lendemain, *le Bucéphale* quittait le mouillage de Balade. Les adieux furent touchants et sincères, du moins en apparence, de la part des chefs indigènes. Pakili-Pouma avait coupé sa barbe en signe de deuil, et fit un petit discours de circonstance, que ses sujets accompagnèrent de cris, de battements de mains et de sifflets, qui, chez eux, sont des signes d'approbation. Un des missionnaires adressa ensuite aux naturels une petite allocution, dans laquelle il leur laissait entrevoir que, dans quatre ou cinq mois, un nouveau bâtiment de guerre viendrait à la côte, lequel saurait récompenser ceux qui seraient restés bons amis et punir ceux qui auraient mal agi à leur égard; les chefs et toute l'assemblée répondirent par des signes d'assentiment. Puis le navire leva l'ancre, et, saluant de neuf coups de canon la chaumière épiscopale de Mgr d'Amata, il s'éloigna du rivage.

Annales de la mission.

Malgré toutes ces assurances de paix et d'amitié, Mgr Douarre put pressentir déjà combien cette mission serait laborieuse et pleine de dangers. Tant que les navires de guerre sont en vue de la côte, les relations avec les indigènes sont des plus amicales; mais à peine leurs voiles ont-elles disparu à l'horizon, que déjà le naturel pillard et féroce des Nouveaux-Calédoniens reprend le dessus. Les chefs d'ailleurs, si bien disposés qu'ils fussent, étaient impuissants à protéger les missionnaires; leur pouvoir est insignifiant, et le roi de Koko entre autres, le pauvre Pakili-Pouma, bien que l'allié des Français et l'ami des missionnaires, ne pouvait rien pour eux. Voilà donc ces cinq missionnaires isolés et sans autre appui que la Providence sur cette terre ingrate, qu'ils devaient arroser de leurs sueurs et de leurs larmes. C'est une gloire pour la religion catholique d'avoir planté la croix sur cette plage inhospitalière, dix ans avant que le drapeau français y fût arboré, et pour les missionnaires d'avoir versé leur sang pour conquérir des hommes à l'humanité et des âmes au christianisme, quand ils n'avaient le plus souvent à espérer de leurs travaux que des refus obstinés ou des violences brutales. La mission de la Nouvelle-Calédonie, dirigée avec tant de zèle pendant dix ans par Mgr Douarre, est une des plus intéressantes de celles qui remplissent les annales des missions, non pas seulement par les résultats qu'elle a eus pour la foi, mais au point de vue même de la civilisation de cette contrée, dont elle a préparé la colonisation prochaine. Les lecteurs liront avec intérêt quelques extraits tirés de ces nouvelles *lettres édifiantes*[1]. Ils leur feront connaître les vicissitudes de cette mission, dont les bienfaits et les travaux, tantôt couronnés de succès, tantôt payés d'ingratitude, forment une véritable épopée religieuse digne des temps héroïques du christianisme.

Extrait d'une lettre de Mgr Douarre, vicaire apostolique de la Nouvelle-Calédonie, à MM. les membres des conseils centraux de Lyon et de Paris.

« En rade de Balade, 1er janvier 1844.

« J'ignore quelles vont être mes épreuves et mes besoins, ne connaissant pas encore assez la terre que j'ai à défricher. Si je prévois pour les commencements beaucoup de dépenses à faire, tout me porte à concevoir de grandes espérances. Les

---

[1]. *Annales de la propagation de la Foi*, pour faire suite aux *Lettres édifiantes*. Pour la Nouvelle-Calédonie, voir les tomes XVII, XVIII, XIX, XX, XXII, XXIII et XXV de la collection.

habitants sont, il est vrai, pauvres, ignorants et très-paresseux, mais ils me paraissent bons.

« C'est le 21 décembre que je me prosternai sur cette terre tant désirée, et que j'invoquai sur elle les grâces d'en haut. Le jour de Noël, je célébrai le saint sacrifice sur l'emplacement de ma case; le temple était beau : il avait pour voûte le firmament; l'autel ne ressemblait pas mal, par sa pauvreté, à la crèche de Bethléem, et les bons naturels qui l'environnaient dans le plus profond silence me rappelaient assez les bergers accourus auprès de l'enfant-Dieu, après avoir entendu les anges entonner ces belles paroles : *Gloire à Dieu au plus haut des cieux, et paix sur la terre aux hommes de bonne volonté.*

« Je vous ai peu entretenus des ressources matérielles de l'île ; ses montagnes, très-élevées, sont tout à fait arides ; il n'en est pas de même de ses nombreuses vallées, qui paraissent d'une fertilité surprenante. De belles cascades alimentent des ruisseaux et même des rivières qui coupent l'île dans tous les sens. Dernièrement, en allant visiter le roi, j'en ai traversé une d'une largeur assez considérable ; elle parcourt une longue plaine assez bien cultivée sur quelques points.

« J'ai des graines de cotonnier et d'un grand nombre de légumes d'Europe ; j'espère également avoir sauvé quelques pieds de vigne ; je vais donc tenter fortune avec une certaine probabilité de réussir, le climat paraissant assez tempéré. Comme les pâturages sont abondants, je compte employer l'aumône que vous avez eu la bonté de m'allouer à faire venir dans cinq ou six mois des bestiaux qui pourront offrir aux missionnaires d'abord, et ensuite aux naturels, quelques ressources pour l'avenir. Je pense entrer dans vos vues en agissant de la sorte ; car, après avoir fait des chrétiens, il faudra préserver ces insulaires de l'oisiveté, source de tant de vices, et, si nous ne pouvons les engager à un travail pénible, peut-être pourrons-nous en faire des pasteurs.

« Agréez, etc.   G. DOUARRE, *vic. apost.* »

Extrait d'une lettre du même prélat à Mlle Monavon.

« Port-Balade, 12 janvier 1844.

« .... Il y a quelques jours, nous sommes remontés, le P. Viard et moi, à une douzaine de lieues dans l'intérieur ; nous avons fait une partie du chemin pendant la nuit, accompagnés de sauvages que nous ne connaissions pas, et mon cœur était aussi tranquille qu'au milieu des rues de votre pieuse cité. D'un village à l'autre, c'était à qui ferait des torches pour nous éclairer, et tout cela sans que nous le demandassions. A mon retour du hameau de Boudet (*Bondé*), résidence d'un grand chef qui ne savait comment exprimer sa joie de nous voir et avec lequel j'avais laissé mon confrère pour aller rejoindre seul la station, je fus obligé de traverser une rivière de la largeur de la Seine. Comment faire? Ne sachant pas nager, je dépose mes effets, que je confie à un naturel, et me voilà dans cinq ou six pieds d'eau, entre deux bons sauvages qui nagent d'une main et de l'autre me soutiennent jusqu'à ce que nous soyons arrivés à l'autre bord... »

A peine trois mois s'étaient-ils écoulés depuis le départ du *Bucéphale* que, par suite de la saison des pluies, de la chaleur jointe à l'humidité et des insectes, les bois qui avaient servi à la construction de la case étaient piqués des vers et pourris, de sorte que l'habitation tombait en ruines. Elle était placée presque au milieu d'un bois rempli de lianes et de broussailles épaisses; les insulaires, poussés par de mauvais instincts, venaient rôder dans le voisinage avec le désir de piller : plusieurs fois même ils cherchèrent, en lançant des tisons embrasés, à incendier cette misérable case, qui était couverte avec des herbes séchées; et cependant, malgré toutes ces embûches, les missionnaires avaient toujours confiance dans la Providence et dans le succès de leurs efforts.

Extrait d'une lettre du P. Rougeyron, missionnaire apostolique, au T. R. P. Colin, supérieur général de la Société de Marie.

« 1ᵉʳ octobre 1845.

« Nous voilà donc, depuis plus de vingt mois, sur cette terre de la Nouvelle-Calédonie, que les géographes ont représentée sous de si noires couleurs, mais qui a aussi ses charmes, lorsqu'on la considère avec des yeux de missionnaire. Quoique nous soyons restés presque sans aucune ressource et sans défense dans un pays dénué de tout, chez un peuple féroce et anthropophage, rien de fâcheux ne nous est arrivé, grâce à la divine Providence qui veille d'une manière si particulière sur les envoyés de Jésus auprès des nations sauvages.

« .... Mille causes, et surtout la paresse, réduisent les indigènes de la Calédonie à la plus extrême misère. Ils cultivent, et même fort bien, avec le secours d'un morceau de bois pointu ou avec leurs ongles, mais ils ne cultivent jamais en raison de leurs besoins. C'est un peuple bien enfant et sans prévoyance. Ont-ils fait une récolte abondante? on dirait qu'elle leur pèse. Ils appellent des voisins de dix à douze lieues à la ronde pour s'en débarrasser plus vite, et leur festin dure autant que leurs provisions, de sorte que, pendant les trois quarts de l'année, ils n'ont plus rien à manger. Leur nourriture consiste alors en quelques poissons, coquillages, racines et écorces d'arbres : quelquefois ils mangent de la terre, dévorent la vermine dont ils sont couverts, avalent avec gloutonnerie les vers, les araignées, les lézards, etc.

« Nous ne pouvions donc attendre que peu de secours des naturels, et d'ailleurs, ne voulant pas tenter la Providence, nous nous sommes mis à gagner notre pain à la sueur de notre front. Il nous a fallu, dès le commencement, défricher un terrain assez vaste, bêcher notre jardin, semer force graines. Depuis vingt mois nous travaillons sans relâche, et encore nous n'avons pas réussi à nous créer des ressources suffisantes. Au moment de nos plus grands besoins, notre jardin a cessé de produire par suite de la sécheresse. Que Dieu soit béni ! Cette épreuve n'a fait qu'accroître notre confiance en sa providence. Nous achetâmes alors un champ d'ignames ; nous nous étions bien fatigués à les arracher, mais, au moment où nous allions les emporter à notre demeure, le chef qui nous les avait vendus envoya une troupe de bandits qui nous les enlevèrent sous nos yeux. En un instant, nos provisions avaient toutes disparu.

« Que faire alors pour ne pas mourir de faim ? Acheter, nous l'avons fait tant que nous avons eu des objets d'échange et que les naturels ont eu de quoi nous vendre. Il nous a fallu ensuite aller de porte en porte pour demander quelques racines, et encore n'en avons-nous pas trouvé dans le voisinage. Plusieurs jours de suite, nous n'avons rien pris avant trois heures du soir ; nous n'avions que des racines d'herbe, et encore pas à satiété. Plus d'une fois nous avons envié la nourriture que les hommes les plus nécessiteux d'Europe dédaignent souvent.

« Mais le Dieu qui nous a conduits jusqu'aux portes de la mort nous en a toujours retirés d'une manière touchante. Le missionnaire ne peut pas mourir de faim ; il meurt épuisé de fatigues en courant après les âmes égarées, ou sur l'échafaud en confessant la divinité de Jésus-Christ. Celui qui nourrit les oiseaux du ciel ne laissera pas périr le serviteur qui s'est exposé à tant de privations pour sa gloire. Il faut bien qu'il en soit ainsi ; sans cela que deviendrions-nous, pauvres prêtres, perdus au sein de ces mers, dans ces îles sauvages et à la discrétion de peuples féroces ?

« .... Puisqu'il me reste encore un peu de temps avant que *le Rhin* mette à la voile, j'en profite pour vous donner quelques renseignements sur nos Calédoniens.

« Les peuples de la Nouvelle-Calédonie, comme tous les Océaniens que nous connaissons jusqu'à ce jour, se distinguent par une grande hospitalité qui fait que tout est en commun. Cette pratique paraît fort bonne, mais elle a en réalité d'assez tristes conséquences, car elle entretient ces peuples dans leur incroyable paresse, en les portant à compter sur les ressources des autres. Ils ne refuseront jamais ce que vous leur demanderez, fût-ce un crime, ils accompagneront même leur don de paroles flatteuses; mais au fond de l'âme ils se dessaisissent à regret et parce qu'ils ne peuvent faire autrement.

« En revanche, ils sont fort pillards, ce qui n'est pas surprenant, vu leur complète indigence. Cependant je dois dire à leur honneur que sur ce point ils ont déjà fait bien des progrès. Ils commencent à devenir hommes; espérons que bientôt ils seront de bons chrétiens.... »

Comme on le voit, les missionnaires chrétiens avaient beaucoup à faire avant d'amener ces cœurs farouches aux plus simples notions de l'humanité et de la morale chrétienne. L'anthropophagie surtout était tellement dans les mœurs du pays que, malgré tous leurs efforts, les missionnaires ne sont pas encore parvenus à la déraciner. Un sauvage à moitié converti disait à Mgr d'Amata : « Père, il se peut que manger son semblable soit une mauvaise action; mais ne dis pas que ce n'est pas bon, car tu mentirais. »

Un autre jour, un Nouveau-Calédonien, touché de la grâce, vint demander le baptême: c'était Michel; on l'interrogea sur le nombre de ses femmes; il répondit qu'il en avait deux; on le renvoya en lui disant que le baptême ne pouvait être conféré qu'à ceux qui voudraient promettre de se contenter d'une seule femme. Sans demander plus d'explication, Michel retourne chez lui, sombre et soucieux.

Le lendemain il se présente encore et vient redemander le baptême. Les missionnaires lui répondirent que la première démarche qu'il avait à faire pour recevoir le baptême était de renvoyer une de ses femmes :

« Mais je n'en ai qu'une, reprit Michel.

— Et qu'as-tu donc fait de l'autre ? Hier tu en avais deux.

— Je l'ai tuée, » dit simplement le sauvage, sans laisser paraître la moindre émotion, et comme s'il n'eût raconté qu'une chose très-ordinaire.

Et, en effet, la veille, en rentrant chez lui, Michel avait assommé une de ses femmes ; peut-être même l'avait-il mangée : il croyait ainsi se rendre digne du baptême.

Il n'est pas besoin dire que les missionnaires mirent à de nouvelles épreuves cette effroyable ferveur du sauvage cathécumène.

A force de patience et de dévouement, les missionnaires finirent cependant par assouplir un peu ces caractères indomptables. Le P. Viard surtout, qui connaissait la langue du pays, exerçait sur les sauvages un grand ascendant.

LA NOUVELLE-CALÉDONIE.

Extraits d'une lettre du R. P. Viard, missionnaire apostolique de la Société de Marie, au T. R. P. supérieur de la même Société.

« A bord de la corvette française *le Rhin*.

« Le jour de l'Assomption (1844), vingt naturels de différentes tribus, à qui j'avais appris à faire le signe de la croix et à réciter le *Pater* et l'*Ave*, vinrent chez nous pour assister à la sainte messe. Nous éprouvâmes une bien grande joie en entendant nos Calédoniens offrir, pour la première fois, leurs prières au Dieu véritable. Jusque-là il m'avait fallu courir de côté et d'autre pour les instruire séparément dans leurs cases. Mais, à partir du 1er novembre de la même année, j'ai réuni soir et matin un grand nombre de naturels dans la maison du chef de Balade. En trois mois, j'ai pu leur apprendre le *Pater*, l'*Ave*, le *Symbole*, le *Décalogue* et plusieurs cantiques en l'honneur de Marie. Ils ont de l'intelligence et de véritables dispositions pour le chant. Leurs progrès auraient été plus rapides si la construction de notre nouvelle demeure, qui était de la dernière urgence, ne m'avait obligé de suspendre mes instructions. L'habitation des missionnaires est maintenant à Baïao, à une demi-lieue de Mahamata, notre ancienne résidence.

« Notre maison finie, Mgr d'Amata m'envoya visiter les diverses tribus. Je me dirigeai d'abord vers celle de Yenguène, à quinze lieues de notre habitation. J'appris en chemin que le chef de cette tribu était en guerre et qu'il avait tué quatre femmes. Je poursuivis ma route en toute hâte, et j'eus le bonheur de mettre fin à la guerre. Je passai de là à l'île Balabea, où je restai deux jours, instruisant les sauvages et baptisant un bon nombre d'enfants. De Balabea, je me rendis par terre à Arama, où je reçus un accueil favorable, surtout de la part du chef, qui fut sensible à ma visite. Dans ces diverses courses, j'ai baptisé environ deux cent soixante-dix enfants, dont un bon nombre est déjà allé au ciel prier pour le succès de la mission.

« Agréez, etc.

« VIARD, provic. apost. »

La tribu de Pouma, qui occupait le territoire de Balade, étant continuellement en guerre et souvent dévastée par les tribus voisines, les missionnaires s'étaient décidés à changer le lieu de leur résidence. Ils s'établirent d'abord à trois milles au sud-est de Mahamata, sur une colline isolée, à un mille environ du rivage, près du village de Baïao. Moyennant quelques objets d'échange, ils obtinrent du chef de la tribu un terrain assez spacieux où ils construisirent une maison en pierre. Ce fut dans ce nouvel établissement qu'ils furent visités, en 1845, par la corvette *le Rhin*.

Nous extrayons des rapports officiels adressés

par le capitaine Bérard au ministre de la marine et au contre-amiral commandant la station les principaux incidents qui marquèrent le séjour de la corvette dans ces parages.

Station du *Rhin* à Balade. (1845).

La corvette arriva, le 27 septembre 1845, au mouillage de Balade. « Nous aperçûmes sur une hauteur, dit M. Bérard, une maison construite à l'européenne, sur laquelle flottait un pavillon tricolore ; nous éprouvâmes tous une grande joie à cette vue, parce qu'on nous avait inspiré les plus vives inquiétudes sur le sort de cette mission. Quelques instants après notre arrivée, nous reçûmes à bord Mgr d'Amata et les PP. Viard et Rougeyron, qui nous apprirent qu'après bien des inquiétudes et de grands travaux ils étaient parvenus à s'établir d'une manière assez sûre au milieu de ce peuple.

« Depuis le départ du *Bucéphale*, ils étaient restés seuls, livrés aux faibles ressources qu'on leur avait laissées. Aussi avaient-ils souffert toutes sortes de privations, et, au moment où nous arrivâmes, il leur restait à peine de quoi se nourrir. La présence de la corvette a produit un effet merveilleux sur les naturels : la manière dont ils ont été accueillis les a enchantés. On donnait du biscuit à tous ceux qui se présentaient, et, quoique ce biscuit ne fût que de la *machemoure* restée au fond des fontes, c'était une excellente nourriture pour des hommes qui sont réduits quelquefois à manger de la terre glaise. Aussi je regarde les peuples de cette partie de la Nouvelle-Calédonie comme entièrement gagnés à notre nation. Une visite que je fis au chef de Pouébo, tribu établie à environ douze milles plus à l'est que Balade, m'en a bien convaincu. Ce chef, après une réception solennelle selon leurs usages, émerveillé des cadeaux que je lui donnai, m'offrit toutes les terres fertiles des environs de sa tribu : il me supplia de venir m'y établir avec le P. Viard, et toute la population applaudissait à ses offres.

« Les environs de Balade sont assez tristes, mais ils offrent encore quelques ressources pour la culture : nous avons vu des endroits très-fertiles, plus loin dans l'intérieur et sur la côte. Pouébo offre un beau site pour un établissement; à trente milles plus loin, vers l'est, le P. Viard a visité un endroit nommé *Yenguène*, où le chef demande ardemment des missionnaires. Le sol y est extrêmement fertile et très-bien arrosé. Les récifs qui entourent toute la côte offrent, dans beaucoup de points, d'excellents mouillages et de bons ports. Je regrette bien de n'avoir pu m'en assurer pour Yenguène et Pouébo. »

Incidents et anecdotes.

Le Rhin laissa aux missionnaires des provisions et quelques objets d'échange. M. Bérard leur fit en outre cadeau d'un gros bouledogue qui devait leur rendre de grands services et devenir le gardien fidèle de l'établissement. Les pères l'avaient appelé *Rhin*, en souvenir de ce bâtiment. Bien que cet animal ne fût pas méchant, il avait si bien pris les sauvages en haine, qu'au moindre signal il ne se faisait pas faute de leur faire la chasse et de mordre à belles dents dans la chair des anthropophages. Si nous insistons sur ces détails anecdotiques, c'est qu'ils tirent quelque intérêt de l'importance qu'y attachaient les naturels et de l'état d'isolement où se trouvaient les missionnaires : Rhin était pour eux toute une garnison. Les sauvages le regardaient comme un *chef* et le traitaient avec une grande considération et une respectueuse déférence. Un jour, le chef d'un village demanda à parler à Rhin. Le chien fut aussitôt appelé : on lui fit de magnifiques présents d'ignames, de taros, de cannes à sucre, etc. L'aliki lui adressa même un petit discours, lui disant combien il le considérait comme grand et puissant, et sollicitant son amitié et sa protection. Par la suite, les missionnaires augmentèrent le nombre de leurs fidèles serviteurs; mais Rhin conserva toujours son titre de chef.

Un jour, un naturel d'une tribu étrangère avait volé un outil à un charpentier de la mission et s'enfuyait à toutes jambes ; mais le cri : « Ici, Rhin ! » prononcé aussitôt, produisit son effet. Le bouledogue, suivi des autres chiens, était déjà lancé. Le coupable, saisi de frayeur, laissa tomber l'objet qu'il avait pris, et, voyant qu'il allait être atteint, monta vivement sur un arbre, au pied duquel Rhin se tint èn arrêt. Les autres sauvages présents à cette scène, et qui étaient fort innocents, jugèrent néanmoins à propos de se sauver ; mais les chiens se précipitèrent à la poursuite de ces malheureux qui fuyaient, et leur mordirent le gras des jambes. Ils gagnèrent le bord d'une rivière et se jetèrent à l'eau ; les chiens les suivirent : en vain les malheureux plongeaient ; aussitôt qu'ils revenaient sur l'eau, une tête de chien était près d'eux ; ce fut un désordre comique que l'on ne fit pas cesser sans peine, car il devenait bien difficile de rappeler les agresseurs, qui étaient fort animés dans leur chasse. Le voleur, monté sur un arbre avec Rhin au pied, suivait de l'œil cette scène, et, se croyant en sûreté, se moquait de ses camarades ; mais quelles ne furent pas ses angoisses quand il vit le charpentier volé s'avancer la hache à la main et se mettre en devoir de couper le pied de sa demeure aérienne ! il poussait des cris à fendre l'âme. Heureusement pour lui, un missionnaire survint qui fit cesser cette comédie en s'emparant de Rhin et en chapitrant le pauvre sauvage, qui faisait pour l'avenir les plus belles promesses. Cette petite morale en action produisit plus d'effet sur les naturels que tous les sermons possibles sur le respect de la propriété.

A l'île des Pins, les missionnaires imaginèrent aussi par la suite de mettre un chien en sentinelle, mais pour un autre motif. Les pères étaient souvent assaillis par les femmes des sauvages, vilaines créatures qui venaient toutes nues mendier à leur porte. Ils chassaient impitoyablement celles qui se présentaient dans cet état, et le petit chien qu'ils avaient élevé pour ce service s'en acquittait à merveille. De cette façon, les sauvages prenaient insensiblement l'habitude de se couvrir; et c'est ainsi que nos missionnaires inspiraient progressivement à ces peuples enfants des idées de travail, de décence et de civilisation.

Bien que les compagnons de Mgr d'Amata ne fussent pas dans une parfaite sécurité au milieu des sauvages, ils commençaient cependant à leur faire subir l'ascendant de leur supériorité morale. Le P. Rougeyron n'était pas moins populaire que le P. Viard. Jeune et intelligent, il s'était initié bien vite au langage de Pouma, et, par les services qu'il était à même de rendre aux naturels, il avait gagné leur amitié. Ils lui croyaient une puissance surnaturelle, à ce point qu'un jour, dans un temps de sécheresse, ils vinrent le trouver et lui dirent : « Mais pourquoi donc es-tu avare avec nous ? Tu ne nous donnes point de pluie ; tes compatriotes les blancs la gardent dans leur pays pour eux ; viens voir nos plantations ; elles meurent, tant la terre est sèche. » Ils croyaient aussi que les missionnaires possédaient une eau qui empêchait de mourir, et il leur est arrivé souvent d'en demander. Toutes ces croyances étaient fondées sur quelques actions du P. Rougeyron qui leur avaient paru extraordinaires, et qui lui avaient été dictées par la nécessité.

Un soir, un grand rassemblement de sauvages s'était formé devant la mission, et, malgré les invitations qu'on leur faisait, il ne se dissipait pas. Les missionnaires étaient dans des transes extrêmes. Le P. Rougeyron s'avança sur le seuil de la porte, et ne prenant plus son ton habituel de douceur, il leur intima l'ordre de se retirer ; sinon il allait sans pitié les faire mourir tous par le feu ; et en même temps, frottant une allumette chimique sur la paume de sa main, il en fit jaillir la flamme. Les sauvages s'enfuirent promptement. Cette scène fut racontée dans les villages. « Oui, disaient les témoins, nous l'avons vu, le P. Rougeyron a tiré du feu de sa main, et, si nous ne nous étions pas sauvés, il nous brûlait tous. »

A quelque temps de là, et cette fois au milieu du jour, il y avait un nombre considérable d'insulaires rassemblés autour des missionnaires occupés à construire une petite église à quelques pas de leur établissement. Cet attroupement devenait d'autant plus inquiétant qu'il était en partie composé d'étrangers à la tribu, et par conséquent d'hommes inconnus. Alors les pères n'avaient pas encore de chiens et ne pouvaient qu'exhorter les sauvages à se retirer, mais ils n'en faisaient rien. Le P. Rougeyron, qui était l'homme aux expédients, appela d'un ton solennel un des frères et lui donna l'ordre d'aller chercher dans la case un tonneau de viande salée qui venait d'être entamé, et de le placer debout près de lui : après avoir retroussé les manches de la veste qu'il portait, il retira de chaque main, dégouttants de saumure, deux membres de porc tout entiers, et, les présentant aux sauvages ébahis et pris de peur, il leur dit que tel allait devenir leur sort s'ils ne se retiraient pas au plus vite ; et tous de se sauver promptement, croyant avoir vu des lambeaux de chair humaine sortir du baril. Le P. Rougeyron plaisait aux Calédoniens, surtout à cause de son entrain et de sa gaieté. « Voyez, disaient-ils souvent, comme il sait plaisanter et dire des choses qui nous font rire ! »

La corvette *l'Héroïne* suivit de près *le Rhin*, ainsi que la goëlette appartenant aux missions de l'Océanie centrale : un caboteur anglais vint aussi à Balade par hasard. Ces navires mirent Mgr d'Amata en mesure d'entrer en communication avec Sydney, et la mission put désormais s'y procurer des vivres, des bestiaux et des semences.

Extrait d'une lettre du R. P. Dubreul, de la Société de Marie, à MM. les membres des conseils de Lyon et de Paris.

« La Nouvelle-Calédonie me paraît appelée à être un jour une des missions les plus importantes de l'Océanie. Ses montagnes, ses rivières, ses cascades, ses pâturages et ses forêts offrent les avantages des continents. La population est estimée à soixante mille âmes. Ces hommes forts et robustes deviendront aisément un peuple de pasteurs, et, les troupeaux une fois introduits dans ces contrées, l'anthropophagie y sera détruite. Le Nouveau-Calédonien ne manque pas de dispositions pour les arts utiles; ses armes, sa pirogue, fabriquées avec une coquille pour couteau, ou avec une erminette en pierre, prouvent déjà sa dextérité et sa patience : la giberne en filet et la fronde dont il se sert dans les combats montrent le parti qu'il saura tirer un jour des filaments du cocotier et d'autres plantes indigènes.

« Avant notre départ de la Nouvelle-Calédonie, nous reçûmes la visite de la corvette française *l'Héroïne.* Sur l'invitation de son excellent commandant,

M. le capitaine Lecointe, Sa Grandeur célébra le dimanche la messe à bord, en présence de l'équipage et d'un grand nombre de naturels qui étaient accourus à cette imposante cérémonie. Le lendemain, une croix fut plantée dans une petite île, sur un monceau de rochers de corail élevé par les naturels. Cette croix, arborée au bout du monde par les mains réunies des marins, des missionnaires et des sauvages convertis, sur la tombe ignorée d'un officier français (**M. le lieutenant de Kermadec**[1]) mort il y a quelques années sur ces rivages naguère inhospitaliers, servira de phare aux navires qui cherchent l'entrée du port en côtoyant ses récifs dangereux : ici, comme partout, elle sera un signe de salut offert par la religion à tous ceux que menace la tempête ou l'écueil. »

Quelques mutations eurent lieu à cette époque dans le personnel de la mission de la Nouvelle-Calédonie. Le P. Viard fut appelé à l'épiscopat. Les PP. Grange et Montrosier vinrent aussi renforcer la petite colonie de Mgr d'Amata. La mission possédait alors une habitation passable, s'occupait de la construction d'une église, défrichait des terres bien arrosées, cultivait un grand jardin ;

---

1. Il s'agit, comme on voit, de la tombe du capitaine Huon de Kermadec, mort pendant l'expédition de d'Entrecasteaux, et qui fut enterré dans la petite île de Boudouïé.

elle appelait autour d'elle la population qui naguère mendiait, et donnait des aliments pour salaire aux naturels en échange des travaux manuels auxquels ils commençaient à s'accoutumer. Mais cette prospérité ne fut pas de longue durée. A peine la mission française fut-elle à l'abri des besoins matériels et de la misère que commencèrent pour elle de plus terribles épreuves.

Épreuves de la mission.

Comment se fait-il que cette mission de la Nouvelle-Calédonie qui, au début, donnait à son vicaire apostolique tant d'espérances, soit devenue par la suite si ingrate, que les missionnaires, malgré leur courage et leur mépris de la mort, ont cru devoir s'en éloigner? C'est là une question qui ne saurait être bien éclaircie, à cause des réticences qui se trouvent dans quelques passages des *Annales de la propagation de la Foi*.

D'après ce que nous avons cru comprendre aux insinuations contenues dans quelques-unes de ces lettres, le changement subit des Calédoniens aurait eu pour cause la rivalité des missions catholiques et protestantes, et les calomnies répandues contre nos missionnaires par les armateurs anglais et les colons de Sydney qui venaient commercer à Yenguène. Il est bon de remarquer que cette rivalité religieuse ou cette concurrence commerciale coïncide avec l'antagonisme politique qui compromit pendant quelques années l'entente cordiale entre la France et l'Angleterre, depuis l'affaire Pritchard et les discussions relatives au droit de visite jusqu'à la conclusion des mariages espagnols. Le contre-coup de ces événements se fit ressentir dans les mers de l'Océanie, où nos établissements et notre influence ne pouvaient soutenir la comparaison avec la domination anglaise. On peut aussi expliquer la défaveur qui semble s'être attachée à la mission française par des motifs de conscience et qui sont à l'honneur de nos missionnaires. Leurs instructions leur recommandaient d'être très-circonspects dans l'administration des sacrements et de ne baptiser autant que possible les adultes qu'à l'article de la mort, pour éviter d'en faire par la suite de mauvais chrétiens. Qu'est-il arrivé? Que presque tous les sauvages moribonds auxquels on administrait le baptême ne tardaient pas à rendre le dernier soupir. Il n'en fallait pas davantage pour faire crier au sortilége, et comme les Calédoniens mettent impitoyablement à mort ceux même d'entre eux qu'ils soupçonnent d'être sorciers, ils n'ont pas dû faire d'exception pour des étrangers dont le costume et les pratiques religieuses devaient naturellement éveiller les soupçons. Cette méfiance était générale, d'ailleurs, et s'appliquait à tous les

Européens, aussi bien aux missions protestantes des Nouvelles-Hébrides qu'à la mission catholique de la Nouvelle-Calédonie.

Ajoutez à cela une peste effroyable qui vint jeter la désolation parmi les tribus. « Elle a frappé tant de victimes, dit le P. Rougeyron, que des villages entiers sont déserts; on a trouvé dans certaines cases des vases de terre pleins de taros à demi cuits, et les personnes qui préparaient ces aliments étaient étendues sans vie à côté de leur feu. On ne peut plus pleurer les morts selon l'usage du pays, ni même les enterrer séparément; on en réunit plusieurs dans une même fosse, et encore les cimetières sont-ils pleins. Les cadavres restent plusieurs jours sans sépulture, tant on est fatigué de creuser des tombes. Sans exagérer, il est mort près de la moitié de la population dans les diverses tribus que nous pouvons connaître. Les symptômes de l'épidémie sont un violent mal de tête qui produit une surdité, des douleurs vives à l'estomac et de forts battements de cœur. »

Il n'est donc pas étonnant que ces sauvages, exaspérés par le fléau, aient tourné leur colère féroce contre cette colonie d'étrangers qui était venue combattre leurs coutumes barbares et leur prêcher le culte d'un Dieu nouveau. A la superstition vint se joindre l'amour du pillage, et bientôt toutes les tribus furent déchaînées contre les établissements des missionnaires, qui n'étaient plus protégés par la présence d'un navire européen. Alors commence pour ces pauvres prêtres une série de persécutions et de violences qui coûta la vie à plusieurs d'entre eux. C'est le livre d'or des annales des missions qui s'ouvre pour inscrire sur ses pages les noms de ses glorieux martyrs.

Martyre de Mgr Épalle, évêque de Sion. (1845.)

Mgr Épalle, évêque de Sion, vicaire apostolique de la Mélanésie occidentale, est inscrit un des premiers sur ce douloureux martyrologe. Il fut massacré en décembre 1845 par les habitants de l'île Saint-Georges, une de celles qui avoisinent la Nouvelle-Calédonie. Un journal de la Nouvelle-Hollande, le *Sydney Morning-Chronicle* du 25 avril 1846, rapporte ainsi cet événement, d'après le récit du capitaine Richard, commandant la goëlette anglaise *le Marian-Watson* :

« Mardi, 16 décembre 1845, à sept heures et demie du matin, Mgr Épalle, MM. Frémont et Chauvin et un frère laïque descendirent du navire et se mirent dans la chaloupe, ayant avec eux le second et quatre matelots. Leur dessein était de voir s'ils trouveraient dans cette île un lieu convenable pour y établir leur mission, ainsi qu'ils l'avaient fait deux jours auparavant dans l'île Isabelle. Vers dix heures et demie la chaloupe revint au navire avec trois personnes grièvement blessées par les sauvages qui avaient attaqué nos gens. On porta Mgr Épalle sur le pont ; on examina ses blessures, et M. Guiot assura qu'il n'y avait pas moyen de le sauver. Il avait quatre grandes blessures à la tête, qui toutes pénétraient le crâne, de manière à laisser la cervelle à découvert. M. Frémont avait reçu deux blessures et le second une : elles semblaient avoir été faites avec un *tomawack* (cassetête). C'est M. Chauvin, le secrétaire de l'évêque, qui m'a donné les détails de cette triste affaire.

« En débarquant, ils virent des sauvages tout armés. L'un d'eux, qui paraissait être le chef, vint à la chaloupe et voulait avoir l'anneau de Mgr Épalle. Le second et nos marins débarquèrent aussi et se promenèrent sur le rivage. Les sauvages, qui sortaient d'un buisson, s'avançaient toujours vers la chaloupe. Le chef demanda un tomawack que le second lui livra par la crainte que ce chef lui inspirait. Cependant les sauvages s'étaient rassemblés autour de l'embarcation et observaient avec curiosité nos armes à feu. Il paraît que personne ne s'était aperçu qu'ils étaient vêtus et peints comme le sont pour l'ordinaire les naturels quand ils vont à la guerre. Le premier signal qu'on eut fut un cri jeté par l'évêque, et en même temps tous les sauvages sortirent du buisson en poussant des hurlements. L'évêque tomba au second coup qu'il reçut ; il était alors environné de trois ou quatre naturels. M. Frémont et le second se sauvèrent, et, sans un coup de pistolet qui fut tiré de la chaloupe, ils auraient subi le même sort.

« M. Chauvin se fraya vaillamment un chemin à coups de pierres au travers de cette troupe de sauvages, et atteignit l'embarcation, où il saisit un sabre. Il revint, au péril de sa vie, au secours de son évêque, que les sauvages traînaient sur la grève en lui arrachant ses habits, lorsqu'à un second coup de mousquet et de pistolet qui fut tiré de la chaloupe ils prirent tous la fuite et se retirèrent dans le buisson. Il paraît que ces sauvages connaissent l'usage des armes à feu ; ce qu'ils nous donnèrent à comprendre par les efforts qu'ils firent, à un signal donné, pour renverser la chaloupe, pendant que d'autres cherchaient à mouiller les armes en jetant dessus de l'eau de mer.

« Mgr Épalle mourut à quatre heures de l'après-midi, le vendredi 29 décembre 1845, sans avoir recouvré ni la parole ni la connaissance à partir du moment où on l'avait rapporté dans la chaloupe. Samedi 20 décembre, à cinq heures du matin, nous descendîmes tous du navire, et nous enterrâmes le corps vers six heures. Le tombeau est près d'un endroit marqué *débarcadère* sur les cartes françaises, vers la pointe la plus avancée du port Astrolabe, près du cap Prieto, dans l'île Isabelle. Sur une des petites pierres du tombeau on a gravé ce qui suit :

« *Ici reposent les dépouilles mortelles de J. D. Épalle, évêque de Sion, vicaire apostolique de Mélanésie et de Micronésie.* »

Mgr J. D. Épalle, évêque de Sion, était né à Marthes (Loire), diocèse de Lyon. Entré jeune dans la société des PP. maristes, il fut pendant plusieurs années le collaborateur de Mgr Pompallier, évêque de Maronie, vicaire apostolique de la Nouvelle-Zélande. C'était un homme jeune encore (il était âgé de trente-cinq ans à peine), d'une douceur et d'une aménité égales à son zèle. Il ne se faisait aucune illusion sur le sort qui l'attendait dans ces parages inhospitaliers, et il disait ouvertement à ses amis, après son sacre, qu'il s'attendait à mourir dans ce nouveau diocèse, où la mitre était une couronne d'épines.

La traite des Océaniens. (1846).

Une autre cause, sur laquelle nous devons insister, achève d'expliquer la révolution opérée dans l'esprit des peuplades de l'archipel de la Nouvelle-Calédonie et la haine qu'ils semblaient avoir vouée aux Européens. Ces hommes blancs, qu'ils considéraient dans l'origine comme des génies supérieurs ayant plein pouvoir sur les éléments, ne tardèrent pas à perdre tout leur prestige. Quelques armateurs anglais, trouvant sans doute que les *convicts* et les émigrants n'arrivaient pas en nombre suffisant à Sydney, à Melbourne et à Bathurst, imaginèrent de recruter ou, pour mieux dire, de voler des hommes dans les groupes d'îles voisins de la Nouvelle-Calédonie. L'industrie de ces navires consistait à attirer les naturels à bord au moyen de quelques menus présents, de ces bagatelles dont les plus précieuses sont une brasse de calicot ou une livre de mauvais tabac, et, une fois à bord, de les conduire en Australie, où, moyennant un prix de passage convenu, ils étaient cédés à des colons pour être internés et employés aux travaux de la campagne. Cette traite des Océaniens était, en réalité, la plus odieuse des traites. La traite des nègres achète des hommes pour les revendre : la traite des Océaniens vendait des hommes volés. Aussi ces actes de violence et d'iniquité, si préjudiciables aux intérêts de tous les pavillons européens, se faisaient-ils, à l'insu du gouvernement anglais, par des spéculateurs, ou plutôt des forbans, qui, comptant sans doute sur l'impunité dans ces mers lointaines, avaient organisé leur détestable industrie avec une sorte de régularité.

Dans le cours de l'année 1846, deux navires sous pavillon anglais, *le Portenia* et *le Velocity*, étaient venus aborder à l'île Halgan, une des Loyalty. *Le Portenia* partit le premier avec une cargaison d'une cinquantaine d'hommes qu'il avait attirés à son bord. *Le Velocity* le suivit, en ayant quatre-vingts dans sa cale. Parmi eux était Jukia, fils de Waïnekeï, le chef de l'une des deux grandes tribus ennemies qui se partagent l'île d'Halgan et l'un des hommes les plus beaux et les plus braves du pays.

D'Halgan, *le Velocity* alla aborder à Rotouma, l'une des Sporades australes. Le capitaine voulait sans doute faire quelques provisions, ou peut-être compléter son chargement de chair humaine; mais, une fois au mouillage de l'île, une cinquantaine de ses prisonniers, trompant la vigilance de l'équipage, se jetèrent à la mer pendant la nuit, et parvinrent à gagner la côte à la nage. Le jour venu, le capitaine descendit à terre, s'adressa au grand chef de l'île, et lui réclama impérieusement les hommes échappés de son navire; mais ni promesses, ni menaces, rien n'ébranla le fier sauvage. Il opposa jusqu'au bout la plus énergique résistance aux prétentions de l'homme blanc, et il finit en laissant tomber de ses lèvres cette réponse dédaigneuse :

« Mes peuples sont trop bons pour m'obéir, si je leur donnais un ordre injuste. Va donc parmi eux avec tes matelots chercher tes prisonniers, et prends-les, si tu l'oses. »

Irrité de cette résistance, le capitaine comprit qu'il n'avait rien à obtenir par la violence; il s'adoucit alors, feignit de renoncer à ses projets, et parla de cimenter l'amitié cordiale qu'il offrait au chef, en lui faisant les honneurs de son navire dans une fête qu'il prétendait lui donner à son bord. Mais celui-ci ne se laissa pas prendre à une amorce si grossière ; il refusa net la proposition qui lui était faite, en se chargeant de faire célébrer lui-même dans son île une fête qui consacrât leur alliance, « afin, disait-il, que tout son peuple pût en jouir. » C'en était trop; l'étranger était vaincu, et sa colère ne connut plus de bornes. A ce dernier trait, il crie, il s'emporte; il s'arme d'un pistolet, et le dirige sur son adversaire. Un chef secondaire, témoin de la scène, voit le mouvement, saisit le capitaine et l'arrête; mais celui-ci, doué d'une vigueur peu commune, se dégage, tourne son arme contre son antagoniste, et le tue sur le coup. Un cri de rage retentit de tous côtés; on court aux armes, et en un instant toute la population s'élance vers l'embarcation où le capitaine se replie. Les matelots sont assaillis de toutes parts; une grêle de pierres les atteint; quelques-uns sont poursuivis, la lance dans les reins; bref, un mort et un blessé restent sur le terrain, tandis que le capitaine s'enfuit et gagne le navire avec le reste de son monde.

A la suite de ces événements, le commandant du *Velocity* aborda à Annatom, où il rencontra *la Brillante*, corvette française, commandée par le capitaine Dubouzet, à qui il eut l'audace de conter son aventure et de demander vengeance. On devine l'accueil qu'il reçut. Il se hâta de reprendre la mer et de gagner Sydney, fort heureux de n'être pas traité comme un pirate qu'il était.

L'aventure finit là pour le malencontreux capitaine ; mais les malheureux Halganais n'en étaient pas moins éloignés de leur pays, les uns à Rotouma, les autres à Sydney. De là cette irritation toujours croissante des sauvages contre les Européens, qui devait amener bientôt d'épouvantables représailles.

Naufrage de *la Seine*. (1846).

L'année 1846 fut aussi marquée par le naufrage de la corvette de l'État *la Seine*, qui était venue remplacer *le Rhin* dans ces dangereux parages. Cet événement, qui mit à terre, pendant près de deux mois, plus de deux cents hommes d'équipage, eut pour résultat de faire mieux connaître la Nouvelle-Calédonie, où jusqu'alors bien peu d'Européens avaient séjourné. Le capitaine Lecomte et les officiers de la corvette purent se livrer, pendant leur séjour forcé dans l'île, à de curieuses études sur le pays et sur les habitants. Les différents rapports du capitaine Lecomte et le mémoire du lieutenant de vaisseau Roubet, joints aux lettres des missionnaires, nous feront connaître avec plus de détails ce pays curieux, où l'espèce humaine, à l'état primitif, offre l'étonnant spectacle de la nature sauvage aux prises avec les premiers efforts de la civilisation.

Citons d'abord les pièces officielles :

Extraits du rapport de M. Lecomte, capitaine de vaisseau commandant la station de la Nouvelle-Zélande.

« Balade, Nouvelle-Calédonie, 9 juillet 1846.

« Monsieur le ministre, la corvette *la Seine*, dont le commandement m'avait été confié, n'existe plus !

« En quittant la Nouvelle-Zélande, je fis route pour la Nouvelle-Calédonie. Le 3 juillet au matin, j'étais assez près de cette île, plus au sud que le cap Colnett; le temps était beau; je rangeai les récifs signalés par d'Entrecasteaux. Au moment où je me disposais à faire venir au vent sur bâbord, le bâtiment, étant vent arrière, eut un mouvement trop lent et toucha dans toute sa longueur. Malgré tous les efforts de l'équipage, la corvette ne put se relever. Lorsqu'il n'y eut plus aucun espoir de la sauver et que l'eau eut envahi la cale, nous mîmes les embarcations à la mer et nous gagnâmes la terre. Le point où nous débarquâmes est éloigné de neuf milles par terre de Balade, et le village, qui est celui de la tribu la plus mauvaise, la plus anthropophage, s'appelle *Pouébo*. Nous rencontrâmes au rivage deux missionnaires qui nous apprirent que Mgr d'Amata était parti la veille au soir de Balade dans un bateau, et qu'il avait cherché inutilement la corvette. Je sus aussi par eux qu'un navire de commerce anglais, *le Marian-Watson*, était à Yenguène, à quarante-cinq milles de Balade, où il traitait un chargement de bois de sandal pour porter en Chine. Nous fûmes d'avis d'avoir recours au capitaine; mais Monseigneur me déclara qu'il avait une bonne provision de vivres. Je lui fis remarquer qu'il s'agissait de deux cent trente hommes : enfin il me parla de cinq mille kilogrammes de farine, ce qui était réellement une bonne fortune pour nous. Nous nous rendîmes à Balade par terre. Les bons pères nous reçurent de leur mieux, et nous entrevîmes un avenir moins sombre que celui que nous envisagions d'abord. »

Le commandant Lecomte dut séjourner avec son équipage dans la Nouvelle-Calédonie jusqu'au moment où il put enfin noliser un navire et se faire transporter à Sydney. Ce temps fut utilement employé : les officiers de marine levèrent les plans hydrographiques des ports de Yenguène et de

Pouébo[1], et dressèrent une carte d'ensemble qui relie Yenguène au plan de Balade dressé par M. Beautemps-Beaupré. Elle comprend un espace d'environ quarante-cinq milles, et signale avec soin les écueils, les atterrages, etc. Un calque de ces cartes et de ces plans fut adressé à l'amiral commandant la station française de l'Océanie. Les matelots, de leur côté, employèrent leurs loisirs forcés à défricher et à cultiver le jardin des missionnaires. Malgré la discipline sévère qui fut maintenue à terre, il est à craindre que le séjour prolongé d'un équipage de deux cents hommes dans ce pays peu familiarisé avec la vue des Européens n'ait excité la méfiance des naturels et hâté l'explosion des haines qui, après leur départ, se déchaînèrent contre les missionnaires.

Les chefs calédoniens : Bouénone et Bouarate.

Déjà une certaine agitation régnait dans le pays pendant le séjour qu'y fit le capitaine Lecomte. Les tribus étaient souvent en guerre, et, à la suite des combats qu'elles se livraient, d'horribles festins avaient lieu, prélude effrayant de nouvelles hécatombes humaines. La tribu de Balade avait été complétement dévastée par celles de Mouélébé et

1. Voy. les *Annales hydrographiques* et les *Nouvelles annales de la marine*, tomes II et III.

de Baïao. La mort du chef de la tribu de Pouma amena aussi des ravages épouvantables dans la vallée de Koko. Enfin une épidémie s'étant déclarée dans le village de Ouabane, à deux lieues de Baïao, le chef de ce canton, nommé Bouénone, s'en émut et se transporta sur les lieux avec une suite nombreuse. Il fit assembler tout le monde, hommes, femmes et enfants, et les plaça sur une même ligne : il prit ensuite une longue corde qu'il passa autour du cou du premier, puis du second, du troisième et ainsi de suite, jusqu'à ce qu'il fût arrivé près d'un homme âgé d'environ quarante ans. Il l'examina bien et fit délier les précédents, et, aidé de deux jeunes gens qui l'accompagnaient, il se mit en devoir d'étrangler ce malheureux, qui ne sauva sa vie qu'à force de protester qu'il n'était pas sorcier, et surtout de promettre qu'il donnerait toutes ses richesses au *téa*. Bouénone lui fit grâce, mais il continua son opération avec la corde jusqu'à ce qu'il fût arrivé près d'une vieille femme. On lui passa la corde au cou et on la suspendit à diverses reprises aux branches d'un grand arbre, jusqu'à ce qu'elle fût morte. Pendant cette opération, on avait lié les pieds et les mains de tous les habitants du village. Peu de jours après, le P. Rougeyron, ayant appris qu'il y avait un malade dans la maison du chef de Ouabane, fut lui rendre visite, et il arriva au moment où ce chef allait faire donner la mort à une femme et à un enfant qu'il avait condamnés comme sorciers. Le père usa de toute son influence, et il fallait qu'elle fût grande sur l'esprit de ce sauvage, qui était un peu catéchumène, pour qu'il se rendît à l'exhortation qui lui fut faite.

Le chef de la tribu de Yenguène n'était pas moins redouté. C'était un homme de trente ans environ, brave de sa personne et aimant à faire la guerre. Il s'appelait Bouarate et se trouvait beau-frère par alliance du jeune Thindine, téa de Mouélébé, et de Bouénone; car ils avaient tous trois épousé les trois sœurs. Les femmes des deux premiers, aimant passionément la chair humaine et poussant à l'extrême leurs penchants, comme le font toujours les personnes de leur sexe (chez les sauvages), provoquaient leurs époux à la guerre, afin de pourvoir à leurs abominables festins. Le tuteur de Thindine, le chef Goa, savait dissimuler ses goûts, quoiqu'il fût aussi un peu cannibale, et s'opposait à ces horribles boucheries humaines. Dans une réunion des téas qui eut lieu à Pouébo, pendant le séjour de l'équipage de *la Seine* à Baïao, on discuta le massacre des Européens. La majorité se rangeait de cet avis, quand le chef Goa prit la parole. Il dit que les blancs étaient *beaucoup*, qu'ils avaient tous des *signita* (fusils), qu'ils pouvaient les détruire sans efforts, et que de cette entreprise il ne pouvait résulter pour eux qu'un désastre : il ajouta que les Français étaient bons, que depuis une lune qu'ils étaient là, ils ne leur avaient fait que du bien et donné des présents, que *Piscopo* (Mgr d'Amata) était puissant, et qu'il ferait partager ses richesses à ceux qui conserveraient son amitié. Il paraît qu'il fut assez éloquent pour ramener tout le monde à son sentiment; car on renonça, provisoirement du moins, à la guerre, et Bouarate fit même tous ses efforts pour attirer les missionnaires à Yenguène.

Un jour Bouarate, étant allé à Pouébo visiter son jeune beau-frère Thindine, qui, dans ce moment-là, éprouvait une grande pénurie de vivres, lui dit : « Tu vois combien tu es maigre et comme tu as le ventre rentré : regarde comme je l'ai gros et saillant ; c'est que, vois-tu, je me nourris bien. A quoi te servent tes sujets ? mange-les, et tu deviendras comme moi. » Malheureusement Thindine a suivi ces horribles conseils. Depuis ce temps il a mis pour ainsi dire sa tribu en coupe réglée, et il mange, en compagnie de ses plus intimes amis, y compris sa femme, au moins un de ses sujets par semaine. Un jour le P. Rougeyron trouva une famille tout en larmes : leur unique enfant venait de servir à l'un de ces abominables festins.

Un autre jour, un des enfants que les missionnaires élevaient fut enlevé, et on le transportait dans la case du chef Bouénone, qui allait le massacrer pour s'en repaître avec quelques amis. Les PP. Rougeyron et Montrosier arrivèrent heureusement à temps : ils ne furent pas très-surpris ; car ce chef avait, quelque temps auparavant, coupé le cou à une femme de son village et massacré sa propre tante pour les manger.

Les cases de Bouarate se trouvaient à quatre ou cinq milles du port d'Yenguène en remontant le cours de la rivière Yengen, sur la rive gauche. Ces cases, au nombre de cinq ou six, sont construites avec tout le luxe calédonien, et placées sur un petit monticule qui domine une partie des environs. Des cocotiers en assez grand nombre et des collines élevées entre lesquelles coule la rivière donnent à ce site un aspect pittoresque et varié.

M. Lecomte visita un jour la capitale de Bouarate, et l'impression que lui causa ce charnier humain fut, dit-il, une des plus répulsives qu'il ait jamais éprouvées. Cette espèce de boucherie, accolée aux arbres qui entouraient les cases, contenait cinq ou six têtes et une foule de débris humains exposés à la vue des naturels, qui ne paraissaient pas éprouver une grande répugnance à la vue de ce spectacle peu rassurant pour eux. Leur insouciance augmentait la suprise et le dégoût des officiers français. Ils s'indignèrent surtout d'entendre un sauvage raconter, comme un fait tout naturel, que son fils avait été mangé ainsi par Bouarate, et il terminait son récit par des louanges pour ce chef: *Lelei Bouarate, aliki tea Bouarate!* Il est vrai qu'il racontait tout cela en présence d'un jeune frère de Bouarate, et alors la crainte pouvait expliquer jusqu'à un certain point ce récit extraordinaire dans la bouche d'un père.

Si les sauvages de la Nouvelle-Calédonie sont aussi cruels pour leurs semblables, on se demande quelle doit être leur férocité envers les étrangers, quand ils ne sont pas arrêtés par la supériorité des armes ou par la crainte d'un châtiment. Quel danger, surtout pour les Européens, si les sauvages pouvaient se servir d'armes à feu!

Pendant le séjour de l'équipage de *la Seine* à Baïao, un navire de Sydney, *le Marian-Watson*, se trouvait sur la côte, où il prenait un chargement de bois de sandal pour la Chine. Le capitaine Richard, qui commandait le bâtiment, entra en rapports avec Bouarate. Ayant remarqué le désir qu'avaient les naturels de se procurer du fer, il leur donna comme objets d'échange de vieux cercles, coupés en petits bouts, que les naturels emmanchaient après les avoir aiguisés sur des pierres. C'était déjà, entre les mains des sauvages, une arme plus redoutable que leurs petites haches en pierre. Mgr d'Amata fit sentir au capitaine anglais combien il était important pour leur sécurité commune qu'il ne livrât à aucun prix aux naturels des armes et des munitions. Cette précaution fut observée par le capitaine anglais qui, bien qu'anglican fort zélé, était en assez bonnes relations avec Mgr d'Amata. Mais Bouarate, appréciant la valeur de nos armes à feu, ne rêva qu'aux moyens de se procurer un fusil. M. Richard, voyant que le fer plat perdait beaucoup de sa valeur, et désireux de se concilier tout à fait le téa afin de compléter son chargement, lui fit cadeau d'un fusil double et de quelques munitions pour tuer des oiseaux, ainsi que le chef en avait exprimé le désir. Quelques jours après, Bouarate vint voir les missionnaires. Ils furent tout surpris de lui voir un fusil dans les mains. Cette arme avait besoin d'une légère réparation ; il pria l'armurier de *la Seine* de la lui faire. Ce dernier s'y refusa ; mais malheureusement le fusil était en assez bon état. On l'aurait bien mis tout de suite hors de service, mais on ne voulait pas le mécontenter, de peur que son ressentiment ne retombât plus tard sur les missionnaires. L'arme étant à piston, les capsules et les munitions devaient bien vite être épuisées, et le capitaine Richard promit de n'en pas donner d'autres. Quand *le Marian-Watson* fut parti, Bouarate s'exerça plusieurs jours à tirer des oiseaux, et il n'était pas sans adresse. Il se transporta un jour à un îlot où étaient restés quelques Anglais pour l'exploitation du sandal, et il demanda au chef du détachement de lui prêter un autre fusil pour aller à la chasse avec un de ses frères. Dès qu'il se vit possesseur de deux fusils et d'une petite boîte de capsules qui avait été volée on ne sait comment, Bouarate se crut l'homme le plus puissant parmi les chefs. Sans aucun prétexte ni sans avertir le téa le plus voisin, il lui fit la guerre. Celui-ci voulut en vain se défendre. Bouarate tua autant d'adversaires qu'il voulut; puis, satisfait sans doute de son essai, il rentra chez lui au bout de quelques jours. Ceci venait de se passer au moment où Mgr d'Amata et M. Roubet, lieutenant de *la Seine*, arrivèrent. On disait que le chef victorieux avait mangé cinq des hommes qu'il avait tués. Il avoua en avoir dévoré trois.

Cependant Bouarate n'était pas encore hostile aux missionnaires. Il se montrait même envieux du bien-être dont jouissaient les habitants de la tribu voisine, depuis que la mission s'était fixée à Baïao. Il demanda à Mgr d'Amata de fonder un établissement sur son territoire. Le prélat hésitait un peu à diviser sa petite colonie, dont les ressources étaient déjà si restreintes; mais craignant que le capitaine Richard n'amenât sur ce point des ministres anglicans, il se décida à y fonder un établissement. Le marché fut conclu dans la chaloupe de *la Seine*. Pour un petit coffre contenant une trentaine de petites haches, un vaste terrain appartenant au téa fut acquis. Cette propriété consistait dans un promontoire escarpé, situé à l'extrémité de la rive gauche dominant le port d'Yenguène, et au pied duquel les embarcations pouvaient venir s'amarrer et opérer leur chargement. Ce terrain, couvert d'une belle plantation de cocotiers et pourvu de plusieurs sources d'eau limpide, formait une presqu'île, facile à défendre au besoin. La confiance qu'inspiraient les missionnaires aux sauvages était alors si grande que Bouarate, craignant d'être obligé, conformément aux usages, de donner à ses petits chefs une partie des haches qu'il avait reçues, pria Mgr d'Amata de les remporter et de les conserver en dépôt. Le P. Grange et un frère laïque furent détachés de l'établissement de Baïao et installés à Yenguène. Le commandant de *la Seine* laissa aux missionnaires quelques embarcations, afin qu'ils pussent entretenir des communications par mer sur les divers points du littoral.

Expulsion des missionnaires. (1847.)

En retour du dévouement dont les missionnaires avaient fait preuve envers les naufragés de *la Seine*, le gouvernement français leur rendit avec usure des vivres et des instruments de colonisation. Ce fut pour eux un commencement de richesse. A peu de temps de là, *l'Arche-d'Alliance*, allant aux îles Salomas pour recueillir les débris d'une mission qui avait été détruite par les naturels, toucha aussi à Balade, et y forma, entre les mains des missionnaires, un dépôt de marchandises dont elle était abondamment pourvue, et qui étaient précieuses comme objets d'échange. C'était toute une fortune pour ce pays sauvage. Hélas ! c'est précisément cette richesse qui devait exciter la convoitise des naturels et amener la ruine de la mission.

Mgr d'Amata avait quitté la Nouvelle-Calédonie en même temps que l'équipage de *la Seine*. Le prélat, qui prévoyait sans doute une catastrophe, allait en France pour solliciter l'appui du gouvernement en faveur de son diocèse. Il semble que son départ ait été le signal des calamités qui sont venues fondre sur les malheureux missionnaires de la Nouvelle-Calédonie. Quelques jours suffirent pour détruire le fruit de cinq années de travaux apostoliques, et pour replonger dans la barbarie cette terre qui commençait à se civiliser sous la tutelle des missionnaires chrétiens.

Ce fut le capitaine Dubouzet, aujourd'hui gouverneur de la Nouvelle-Calédonie et de nos possessions françaises dans l'océan Pacifique, qui, pendant sa station dans ces parages, eut la douleur d'assister à ce lamentable spectacle, et en même temps la consolation de recueillir à son bord nos infortunés compatriotes.

Au mois d'août 1847, la corvette *la Brillante* arrivait d'Apia (archipel des Navigateurs), amenant un renfort de religieux qui venaient prendre part aux travaux apostoliques de la Nouvelle-Calédonie. En approchant de la côte, on aperçut un pavillon qui flottait en forme de signal; on se hâta, et l'on ne trouva que des débris à l'endroit où s'élevait naguère l'établissement de la mission.

Un naturel arriva, porteur d'une lettre qui ne laissait plus de doute sur les événements accomplis. A peine Mgr d'Amata était-il parti pour l'Europe, que la tribu dans laquelle était situé l'établissement, alléchée par l'appât des objets de toute sorte qui s'y trouvaient, vivres, étoffes, ustensiles de fer, avait assailli les religieux sans défense et tout livré au pillage. Un frère laïque avait été tué, plusieurs missionnaires blessés, et c'était à grand'peine que la communauté, ainsi mutilée, avait pu trouver un asile dans la tribu voisine, qui habitait le village de Pouébo.

A cette nouvelle, on vola auprès de ces malheureux échappés au désastre et on les ramena à bord du navire libérateur, non sans avoir à repousser les agressions des cannibales, furieux de se voir enlever leur proie. Mais laissons raconter cette catastrophe par un des témoins, qui faillit presque en être une des victimes. La lettre suivante du P. Grange est un des récits les plus émouvants de cette histoire si dramatique, qu'on prendrait parfois pour un roman chrétien, si de nombreux témoignages n'étaient là pour en établir la douloureuse réalité. En lisant ce nouvel épisode de la vie aventureuse de nos missionnaires, le lecteur se croira transporté chez les Peaux-Rouges de l'Amérique du Nord et pensera assister à une de ces scènes de sauvagerie si bien décrites dans les romans de Fenimore Cooper.

Lettre du P. Grange au R. P. Colin, supérieur de la Société de Marie.

« Sydney, 18 septembre 1847.

« Mon très-révérend père,

« J'eus l'honneur de vous écrire quelque temps après mon arrivée à la Nouvelle-Calédonie, et de vous signaler l'extrême cruauté de ses habitants. Depuis cette époque, il s'est passé dans notre mission des faits graves et bien affligeants. Nous n'avions, dans le principe, qu'un seul établissement dans l'île; c'était à Balade. Les sauvages de cette tribu nous parurent si difficiles et si indomptables que nous crûmes expédient de fonder une nouvelle station à Pouébo, qui n'est distant de Balade que de trois lieues. Pendant qu'on nous y préparait une habitation, *l'Anonyme*, navire de la Société française de l'Océanie, arriva fort à propos pour nous aider à transporter les objets nécessaires à cet établissement : tout fut prêt le 14 avril.

« Les sauvages de la Nouvelle-Calédonie sont d'habiles voleurs, et cependant les habitants de Pouébo cessèrent, dans cette circonstance, de faire usage de leur dextérité en ce genre. Ils se prêtèrent avec beaucoup d'empressement au transport de nos effets, depuis le navire jusqu'au lieu de l'habitation, sans commettre le moindre larcin. Nous regardâmes cela comme un prodige, ou plutôt comme un trait de la Providence; mais le frère Blaise, qui connaît très-bien le caractère de ce peuple, me dit que les indigènes n'avaient agi ainsi que pour pouvoir mieux voler plus tard : l'expérience a prouvé qu'il ne se trompait pas. Il n'en fut pas de même à Balade : les hommes de cette tribu, qui, depuis près de quatre ans, avaient toujours pillé les missionnaires, voyant que nous étions moins nombreux qu'auparavant, montrèrent à notre égard une hardiesse dont jusqu'alors ils ne nous avaient pas donné d'exemple. Entre autres motifs qui les ont excités contre nous, je signalerai les faits suivants.

« Au mois de mai, une famine extraordinaire se fit principalement sentir dans la tribu de Pouma (Balade); un grand nombre d'indigènes allèrent chercher de la nourriture à Yenguène, à quinze lieues environ du port Balade. A leur retour, ils se montrèrent menaçants et racontèrent d'un ton audacieux la mort d'un Européen qui séjournait à cette escale; c'était un Anglais appelé Suton, qui venait d'être massacré; ils ajoutèrent même qu'ils l'avaient mangé et qu'ils l'avaient trouvé fort bon, ne dissimulant pas leur projet de nous traiter de même. Ce qui nous étonne, c'est qu'au rapport même de ces naturels, des Anglais, faisant le bois de sandal à Yenguène, leur auraient dit que les *Oui-Oui* (les Français) étaient des hommes *tabous* (sacrés), qui faisaient mourir les autres hommes. Cette calomnie pouvait faire d'autant plus d'impression sur les naturels que, peu de mois auparavant, une épidémie avait enlevé plus d'un tiers de la population des tribus environnantes. Or, dans ces îles, un sorcier est massacré sans miséricorde. Les missionnaires donc furent soupçonnés d'avoir attiré le fléau par des sortiléges, et ainsi la superstition vint se joindre à l'amour du pillage pour déchaîner les sauvages contre nous. Alors ils ne gardent plus aucune mesure : ils détruisent toutes nos plantations; ils viennent en plein jour arracher nos bananiers et ravager notre jardin sous nos propres yeux, et l'impunité les rendant plus hardis, ils s'introduisent jusque dans le magasin, où ils enlèvent plusieurs objets.

« Le 20 juin, après s'être concertés, les différents villages de la tribu de Balade sont venus en masse pour s'emparer de notre maison. Ils avaient l'intention bien connue de massacrer les missionnaires et de piller leurs effets. Notre contenance calme et assurée leur imposa, de sorte qu'ils n'osèrent pas encore exécuter leur dessein. Nous étions entre les mains de la Providence : j'avais défendu à ceux qui étaient avec nous de faire feu sur les sauvages. Ne sommes-nous pas venus pour leur apporter les bienfaits de la foi, au prix de tous les sacrifices et de notre vie même? Hélas! ils ne le comprennent pas, et ils nous rendent le mal pour le bien.

« Telle était notre situation au 20 juin, lorsque Mgr Collomb, évêque d'Antiphelles, vicaire apostolique de la Mélanésie et de la Micronésie, arriva à Balade, à bord du *Spek*, accompagné du P. Verguet. Sa Grandeur apportait quelques provisions pour sa mission et pour celle de la Nouvelle-Calédonie. Il y avait en outre, à bord du *Spek*, des objets d'échange pour le compte de la Société française. Tout cela fut déposé dans un grand hangar où nous réunissions les naturels pour les instruire. Ceux-ci se prêtèrent volontiers au déchargement, et demeurèrent tranquilles jusqu'au 10 juillet.

« Mgr Collomb avait prié le commandant du *Spek* de continuer sa route jusqu'aux îles Salomon;

mais le capitaine lui avait répondu que des engagements avec son armateur lui rendaient ce voyage impossible, et ainsi Sa Grandeur s'était vue forcée d'attendre à Balade une occasion favorable.

« Il y avait alors dans l'établissement de Balade, outre Mgr d'Antiphelles et le P. Verguet, les frères Blaise et Bertrand, M. le docteur Beaudry, laissé par *l'Arche-d'Alliance* pour faire dans l'île des explorations scientifiques, Marie Julien, charpentier de *l'Arche-d'Alliance*, l'Écossais Georges Taylor et moi.

« Le 10 juillet, à six heures du soir, les sauvages s'introduisirent dans le hangar où était déposée la plus grande partie des effets; ils enlevèrent pour la valeur d'environ 300 francs d'objets appartenant à la Société française. Nous avons appris depuis que leur intention était de nous attirer dans ce lieu et de profiter du désordre pour nous y massacrer tous. Heureusement nous sortîmes assez tôt pour faire échouer leurs projets.

« Le 15, le P. Verguet se rendit à Pouébo pour y passer quelques jours avec le P. Rougeyron. De là il nous écrivit, le lendemain, que le bruit courait à Pouébo qu'aussitôt après le départ du *Spek*, l'établissement de Balade serait assailli par les forces réunies de toute la tribu.

« Le 17, *le Spek* mit à la voile pour Batavia. Le jour même de son départ, deux jeunes chrétiens,

Antoine et Marie, nous avertirent que le lendemain on devait en effet nous attaquer. Nous ne fîmes pas assez attention aux paroles de ces enfants. Le 18, vers huit heures du matin, le premier chef, Bouéone, nous envoie dire par son second, nommé Gomène, que, pour rentrer en grâce avec nous, les naturels consentent à rendre les étoffes dérobées le 10. L'offre est acceptée. A une heure après midi, Bouéone et Gomène viennent, accompagnés de deux enfants qui portent chacun un paquet de marchandises volées. Bouéone a sa lance, et Gomène son casse-tête. Pendant qu'on parlemente sur la terrasse de la maison, une troupe de sauvages armés de lances, de casse-tête et de haches, à un signal convenu, se précipitent sur nous. Comme c'était au frère Blaise et à moi qu'ils en voulaient principalement, ce fut sur nous deux qu'ils tombèrent de préférence. J'esquive un coup de casse-tête, mais en même temps le frère Blaise est blessé d'un coup de lance dans la poitrine. Sa blessure est mortelle. Je m'empresse d'écrire au P. Rougeyron pour l'informer de notre détresse. La jeune Marie, qui porte la lettre, est arrêtée et sommée, de la part du premier chef Bouéone, de rebrousser chemin sous peine de la vie. A son retour elle nous prévient qu'on va mettre le feu au hangar qui servait d'église. Presque aussitôt l'incendie éclate au sommet de la toiture couverte en chaume ; impossible de rien sauver de tout ce qui s'y trouve. Le soir du même jour, Antoine et Marie nous annoncent que Bouéone a donné ordre à tous les villages de la tribu de s'assembler le lendemain pour faire une attaque générale, afin de nous massacrer tous. Nous faisons bonne garde toute la nuit.

« Le 19 au matin, le feu est aux embarcations que nous a laissées le commandant de *la Seine.* Dans la pensée que ce jour pouvait bien être le dernier de notre vie, nous faisons tous notre confession ; Monseigneur consomme les saintes espèces ; l'Écossais Georges Taylor, que j'instruisais depuis quelque temps pour le disposer à se faire catholique, me demande le baptême, que je lui administre sous condition ; il s'approche aussi du sacrement de pénitence.

« A deux heures, nous sommes environnés de tous côtés par les sauvages ; ils sont tout barbouillés de noir et poussent des cris féroces. Cachés derrière de grosses pierres, à peu de distance de la maison, ils lancent d'énormes cailloux qui en enfoncent les parois. Cependant ils n'osent encore envahir la cour. Le frère Bertrand est blessé à la main, le frère Blaise est mourant. Les sauvages sont aussi acharnés contre nous qu'un lion contre sa proie. Tout à coup un chef s'écrie : « Brûlez la maison ! brûlez la maison ! » Aussitôt le feu est mis aux colonnes du rez-de-chaussée ; il ne nous est pas possible de l'éteindre. Déjà nous sentons la chaleur au-dessous de nous ; notre anxiété est extrême : rester, c'est périr dans les flammes ; descendre, c'est tomber infailliblement sous les coups des sauvages ! Nous nous réunissons tous dans la petite chapelle intérieure. Le frère Blaise lui-même quitte son lit, et, se traînant comme il peut, vient nous rejoindre ; il a la sérénité sur le front, le sourire sur les lèvres : « Je « viens, dit-il en entrant, attendre ici le dernier « coup. » Quelques instants auparavant, comme Monseigneur, en lui donnant sa bénédiction, paraissait ému : « Eh ! pourquoi, dit-il, nous fati- « guerions-nous ? Nous ne faisons qu'échanger « cette vie contre une meilleure. » Je dois dire, à la louange de cet excellent frère, que sa mort m'a encore plus édifié qu'elle ne m'a affligé. Pendant que je lui administrais pour la dernière fois le sacrement de pénitence, et que je l'exhortais à pardonner de bon cœur à ses bourreaux, à l'exemple de notre divin maître : « Oh ! me dit-il, « combien je voudrais que ma mort fît le bonheur « de ce pauvre peuple ! Je leur pardonne de toute « l'étendue de mon cœur. »

« Cependant le temps presse ; Mgr Collomb s'agenouille devant moi pour me demander une dernière absolution et l'indulgence plénière *in articulo mortis.* Après cela nous tombons tous à ses genoux, le priant de nous accorder la même faveur; puis nous nous embrassons et nous nous disons adieu jusqu'au ciel, où nous espérons nous rejoindre dans quelques instants. Monseigneur et moi faisons vœu de dire cent messes chacun, s'il plaît au Seigneur de nous tirer de ce péril extrême. Alors la pensée nous vient qu'en abandonnant la maison au pillage, nous aurions peut-être quelque chance de salut. Le docteur Beaudry jette à la multitude la clef du lieu où se trouvaient nos petites provisions; les sauvages s'y précipitent : c'est la dernière lueur d'espérance, nous en profitons pour sortir. Je me présente le premier, et rencontrant un chef appelé *Oundo*, j'essaye de pourparler avec lui pendant que Monseigneur et le frère Bertrand s'échappent par la cour; viennent ensuite M. Beaudry, Marie, Julien et Georges. Deux naturels armés de lances s'avancent pour percer Monseigneur et le frère Bertrand; M. le docteur, qui est armé d'un fusil, le présente d'un air menaçant : les agresseurs s'arrêtent. Au même intant, les sauvages pénètrent auprès du frère Blaise et lui assènent plusieurs coups de massue. Je ne peux m'échapper moi-même qu'à grand'peine, en passant sur les ruines de l'église, brûlée la veille. Je rencontre une troupe de soixante à quatre-vingts insulaires, qui recueillaient les débris échappés à l'incendie. Un grand sauvage, plus laid et plus noir qu'un démon, fond sur moi pour m'assommer à coups de pierre. Je cours alors de toutes mes forces; deux fois il me lance un gros caillou, mais deux fois, par une providence particulière, je tombe, et ma chute coïncide exactement avec le coup qui devait me tuer. La seconde fois surtout, le sauvage a dû croire qu'il avait réussi : il me laisse pour retourner au pillage. Je me relève comme je peux et je rejoins mes compagnons d'infortune. Hélas! le frère Blaise nous manquait; nous étions désolés de n'avoir pu l'arracher des mains des sauvages.

« Nous nous dirigeons en toute hâte vers Pouébo ; arrivés au petit village de *Diréoué*, où nous avons un zélé catéchiste nommé Michel, nous apprenons de lui que les chefs de Balade ont donné ordre partout de nous massacrer. Nous avions craint que l'établissement de Pouébo n'eût éprouvé le même sort que celui de Balade. Dans notre détresse nous fûmes heureux d'apprendre que rien de semblable n'avait eu lieu. Avant d'arriver au premier village de cette tribu, nous rencontrons deux enfants, le catéchiste Louis et le catéchumène Mouéko, que le P. Rougeyron, informé de ce qui nous est arrivé la veille, avait envoyés pour s'assurer de l'état des choses. Ces deux enfants nous sont d'un grand secours en nous faisant passer par des chemins détournés ; nous évitons ainsi tous les périls. Le jeune Louis, voyant notre faiblesse et notre dénûment, ne put retenir ses larmes. Tout jeune qu'il est, il présentait continuellement ses épaules pour nous porter tour à tour, Monseigneur et moi, et puis il nous disait : « Vous avez trop « faim ; restez là, cachés dans les broussailles, et « je vais vous chercher à manger. » Quoique nous n'eussions rien pris depuis deux jours, nous ne voulûmes pas consentir à ce qu'il se séparât de nous. Ce fut un grand soulagement pour mon cœur que les soins empressés et généreux de cet enfant, comparés à la barbarie de ses compatriotes.

« Enfin, nous arrivâmes à l'établissement de Pouébo à huit heures du soir, dans un état déplorable, et si accablés de fatigue, que nous pouvions à peine nous soutenir. Les PP. Rougeyron et Verguet vinrent à notre rencontre ; nous confondîmes nos larmes et fîmes ensemble notre sacrifice.

« Le 20 juillet nous délibérons et nous convenons unanimement que le frère Auguste et le matelot Aumerond iront à Yenguène s'informer s'il y a un navire dont nous puissions espérer quelque secours.

« Cependant l'événement de Balade excite au plus haut point la cupidité des gens de Pouébo. Nous apprenons, le 21, qu'ils ont aussi formé le projet de nous attaquer. Nous nous adressons de nouveau à Dieu; chacun des missionnaires fait encore un vœu particulier, et nous prenons en même temps des mesures de prudence. Le 22 juillet, le frère Auguste et le matelot Aumerond arrivent de Yenguène; il ne s'y trouve point de navire, et nous sommes forcés de demeurer au poste où nous a placés la Providence : elle seule peut nous en tirer. Nous sommes treize dans l'établissement de Pouébo : six venus de Balade, et de plus les RR. PP. Rougeyron et Verguet, le frère Auguste, le charpentier Prosper et trois matelots laissés par *la Seine*, Beaucherel, Cadousteau et Aumerond. Nous apprenons que les sauvages de Balade veulent se servir de notre maison, dont ils ont éteint l'incendie, pour tendre des embûches aux navires qui viendraient mouiller dans le port; connaissant ce dont ils sont capables, et craignant pour *l'Anonyme* et pour *l'Arche-d'Alliance*, que nous attendons de jour en jour, nous sentons la nécessité de brûler cette maison : les enfants de la mission exécutent ce projet dans la nuit du 5 au 6 août.

« L'attitude des naturels à notre égard devient menaçante; nous nous attendons à une nouvelle catastrophe; plusieurs fois nous les avons vus se réunir autour de notre demeure avec des intentions hostiles. Une nuit, les habitants de deux villages se sont assemblés chez notre plus proche voisin pour nous attaquer immédiatement; il les en a détournés.

« Le 9 août, nous nous trouvâmes réduits aux dernières extrémités. Nous venions de recevoir le sacrement de pénitence et de nous faire encore une fois les derniers adieux ; nous allions nous livrer à nos bourreaux, lorsque tout à coup paraît à l'horizon un navire qui se dirige de notre côté, et bientôt nous le reconnaissons pour un navire français; c'était la corvette *la Brillante*, commandée par M. le vicomte Dubouzet; nous nous hâtons d'envoyer deux hommes à bord avec une lettre qui signalait notre détresse. La mer était houleuse; ce n'est que le 10 au soir que M. Dubouzet peut nous envoyer du secours. Il nous arrive trois embarcations, montées par soixante hommes bien armés, sous les ordres de MM. de Lamotte et Founier. Nous sommes invités à envoyer une députation à bord pour concerter avec M. le commandant les moyens de prudence les plus convenables dans notre position. Mgr Collomb et moi partons à dix heures du soir sur l'embarcation du lieutenant; nous n'arrivons qu'à cinq heures du matin à Balade, où la corvette était mouillée. M. Dubouzet nous accueille à son bord avec une bienveillance au-dessus de tout éloge; il est décidé que la corvette lèvera l'ancre pour aller mouiller à Pouébo. Cette manœuvre s'exécute, et nous arrivons le 11 devant ce village. M. le commandant s'occupe aussitôt de notre délivrance. Une pluie battante, qui dure pendant toute la nuit du 11 au 12, nous permet de faire transporter à bord nos principaux effets. Sans cette averse nous eussions été attaqués par tous les villages de la grande tribu de Pouébo. Le 12, le grand chef vient présenter au P. Rougeyron une pièce d'étoffe en signe de paix; le père, qui soupçonne avec raison un piége, en avertit un matelot, et celui-ci s'avance, tenant sa baïonnette d'une main, tandis que de l'autre il reçoit le présent. A neuf heures du matin arrivent trois officiers de marine et deux élèves avec quatre-vingt-quatre hommes; M. le commandant nous fait exprimer le désir qu'il a de nous voir à bord le plus tôt possible. Nous nous mettons en route vers le rivage, dont nous sommes éloignés de trois quarts d'heure de marche. Les sauvages, réunis en grand nombre, attendent que nous soyons entrés dans les broussailles pour nous attaquer impunément. Aussitôt que nous sommes arrivés au bas du monticule sur lequel est située notre maison, le grand chef nous fait signe de passer de l'autre côté du ruisseau; mais, informés que plusieurs milliers d'indigènes y sont cachés en embuscade afin de nous surprendre et de nous tuer tous dans notre retraite, nous refusons de suivre le chemin qui nous est indiqué; le grand chef donne alors à ses sauvages le signal de l'attaque; une grêle de lances et de flèches viennent pleuvoir sur nous. Les marins français se voient forcés de tirer pour se défendre. Mais, comme les sauvages se cachent dans les broussailles, rampent et se traînent dans l'herbe, on peut à peine entrevoir les mains d'où les traits sont partis.

« L'un d'eux cependant s'approche de si près qu'après avoir manqué le fourrier Souchon il est tué par lui d'un coup de baïonnette. Enfin nous arrivons sur le rivage, nous sommes hors de danger. M. le lieutenant de Lamotte fait l'appel, personne n'y manque; mais cinq hommes sont blessés, dont deux gravement; de ce nombre se trouve M. Raymond, élève de deuxième classe, qui a reçu une blessure au cou. Par bonheur ces plaies n'ont pas eu de suite. M. le commandant, au bruit de la fusillade, était accouru sur son canot; il y fait mettre les blessés, et nous sommes tous rendus à bord à midi.

« M. le commandant nous dit alors qu'il avait l'intention de tirer vengeance de la conduite cruelle des habitants de Balade. Nous lui signifiâmes par écrit que notre devoir comme missionnaires était de pardonner à nos ennemis, et nous le conjurâmes de pardonner comme nous. Il nous répondit qu'il louait notre démarche, mais que ce n'était pas seulement les missionnaires qui étaient victimes de la rapacité et de la perfidie des Calédoniens ; que la Société française de l'Océanie avait fait aussi de grandes pertes ; que ses représentants, établis en toute confiance à Baïao, sous la sauvegarde de la foi jurée, avaient couru les plus grands dangers pour leur vie ; que les naturels, poussés par le génie du mal, avaient commencé par mettre le feu aux embarcations de *la Seine*, appartenant à la France ; qu'il croirait manquer à son devoir en laissant tant de méfaits impunis, etc.

« Le 15 août arrive *l'Anonyme*. La Providence nous a encore très-bien servis dans cette circonstance. Un fort vent d'est nous avait retenus jusqu'à ce jour dans la rade de Pouébo ; autrement nous fussions partis, et, dans ce cas, c'en était fait de *l'Anonyme* et de son équipage. Le 18 nous retournâmes à Balade ; les deux navires s'y rendirent en même temps.

« Le 20, M. Dubouzet fit une descente à terre avec un détachement de soixante-quinze hommes. Après trois quarts d'heure de marche, cette troupe arrive à Baïao sans rencontrer d'opposition. Le pays est découvert dans cet endroit. Tous les indigènes s'enfuyaient dans la montagne. M. le commandant fit mettre le feu aux maisons des principaux chefs, entre autres à celle de Paiama, un des plus traîtres ; et, pour apprendre aux bâtiments qui pouvaient venir mouiller à Balade à se défier des habitants, il fit abattre une vingtaine de cocotiers de ce chef dans la partie du rivage qui en est couverte. Les naturels, cachés dans un bois voisin, poussaient des hurlements sauvages; ils lancèrent même quelques javelines : personne heureusement ne fut atteint.

« Le 21 août, le brick *l'Anonyme* se sépara de nous pour aller aux îles Salomon; il emmenait Mgr le vicaire apostolique. Nous mîmes à la voile le même jour pour nous rendre à Sydney, en passant par Anatôme (*Annatom*). Le capitaine de *l'Arche-d'Alliance* doit toucher à cette île pour se rendre à la Nouvelle-Calédonie au mois de décembre; nous y laissons une lettre pour l'avertir de notre désastre et prévenir un nouveau malheur.

« Enfin, le 27, à neuf heures du matin, après avoir été sur le point de nous briser contre un écueil jusque-là inconnu, nous arrivons à Sydney.

« Nous nous sommes éloignés à regret de ces infortunés Calédoniens, qui repoussent si aveuglément les bienfaits de la foi. Espérons que le sang du martyr qui a coulé sur cette terre ingrate en sera une prise de possession au nom de Jésus-Christ. Plus heureux que nous tous, le frère Blaise est mort comme ce divin Sauveur, en priant pour ses bourreaux; je vous avoue que j'ai eu quelque regret de ne point partager le même sort. Dieu me réserve à de nouveaux travaux; que sa sainte volonté soit faite!

« GRANGE, *S. M.* »

Voyage de *l'Arche-d'Alliance.*

Chassés de la Nouvelle-Calédonie, les missionnaires français ne se découragèrent pas et poursuivirent à travers les archipels qui entourent cette île leurs périlleuses étapes, que l'un d'eux, dans une de ses lettres, comparait aux stations du chemin de la croix. La mission, veuve de son pasteur, errante et dispersée dans ces dangereux parages, en butte à la férocité des sauvages et à la jalousie des missions rivales, essaya à plusieurs reprises de s'établir dans quelque île moins inhospitalière. Mais que d'épreuves, que de fatigues, que de dangers, avant que ces malheureux prêtres eussent trouvé un asile où reposer leur tête! Ils tentèrent d'abord de fonder un établissement à Halgan; ils voulaient s'éloigner le moins possible du siége de leur vicariat apostolique, de cette terre laborieusement ensemencée, arrosée du sang de leurs frères, et où ils ne désespéraient pas de recueillir un jour une abondante moisson. Ces réveils sont fréquents chez les peuplades des archipels océaniens. Leur cruauté n'exclut pas en effet une certaine candeur intellectuelle qui les amène tôt ou tard à accepter la loi de l'Évangile ou à subir l'ascendant de la civilisation. D'un autre côté, les sacrifices croissaient en raison des obstacles. La société pour la propagation de la foi ne se bornait pas à donner aux missionnaires le secours de ses prières et de ses aumônes. Elle leur envoyait au delà des mers de jeunes et vaillantes recrues. Des navires furent spécialement affectés à l'œuvre des missions et durent mettre en rapport les vicaires apostoliques de la Polynésie. *L'Arche-d'Alliance*, vaisseau de la société *l'Océanie*[1], fit plusieurs voyages de circomnavigation dans ces parages et servit de lien aux nombreux missionnaires catholiques échelonnés dans les archipels de la Polynésie occidentale. C'est dans le journal de ce navire que nous trouverons le récit de cette nouvelle odyssée chrétienne, dont les missionnaires de la Nouvelle-Calédonie sont les héros infatigables. Une partie d'entre eux, après la catastrophe d'Yenguène, s'étaient retirés à Sydney, en attendant une occasion prochaine de retourner sur cette terre ingrate, qui semblait les attirer par les périls même qu'elle leur offrait.

Le 20 avril 1848, *l'Arche-d'Alliance*, commandée par le capitaine Marceau, quitta Sydney et vint relever la côte sud-ouest de la Nouvelle-Calédonie,

1. Voy., pages 278 et suivantes, la formation et le but de cette société.

le 2 mai, par un temps de brume et de pluie qui ne permettait pas de reconnaître exactement la partie de l'île où l'on se trouvait. Ce ne fut que le 4, à cinq heures du soir, qu'elle reconnut le port Saint-Vincent, où elle put aborder. Dès le lendemain, le capitaine descendit avec les missionnaires dans une embarcation pour aller faire une reconnaissance dans les terres ; mais une nouvelle déception était réservée à cette entreprise. La partie sud-ouest de l'île est presque inhabitée. On voyait à peine çà et là quelques cases disséminées sur la côte, et le navire lui-même n'était visité que par de rares pirogues. Vainement pendant quatre jours fit-on des descentes sur tous les points abordables ; on ne put trouver trace d'une population compacte, et force fut de reconnaître qu'un établissement dans cette partie de l'île serait sans but et sans avenir. Les missionnaires se contentèrent donc de planter une croix sur un point élevé, et disposèrent au pied de cette croix des objets de reconnaissance, une bouteille et une lettre destinée à d'autres missionnaires à qui l'on avait donné rendez-vous, et qui devaient arriver sur le même point par la goëlette *la Léocadie*.

Les chefs des îles Loyalty : Waïnekeï, Nekelo et Jukia.

« Le 8 mai[1], le navire appareilla, faisant voile pour

1. Ce récit est emprunté aux *Souvenirs d'un voyage de cir-*

Annatom. Les missionnaires prièrent le capitaine Marceau de les déposer à l'île Halgan, où ils espéraient fonder un établissement. Mais la haine que les habitants avaient vouée aux Européens à la suite des déportations et des razzias humaines faites par des armateurs anglais firent encore échouer cette entreprise. Le capitaine Marceau se montra pourtant dans cette circonstance aussi humain et aussi généreux que les capitaines du *Portenia* et du *Velocity* s'étaient montrés injustes et barbares. Ayant appris à Rotouma l'histoire des malheureux Halganais, il consentit à les rapatrier. Il prit à son bord trente-deux hommes appartenant à la tribu de Waïnekeï : Jukia, le fils de celui-ci, était du nombre. Avec de pareils otages il pouvait espérer d'être bien accueilli et de faire profiter les missionnaires du bienfait qu'il allait apporter à tant de familles et au chef le plus puissant du pays.

« Arrivé aux Loyalty, le capitaine alla mouiller dans le nord d'Halgan, devant le village de *Faïawé*, et débarqua son monde. Il descendit lui-même à terre, accompagné du P. Rocher, missionnaire, passager à son bord, et du docteur Montargis, médecin du navire. La petite troupe, sans armes, se di-

---

comnavigation autour du monde à bord du trois-mâts français *l'Arche-d'Alliance*, publiés par M. Judicis de Mirandol. (Voir le *Pays* des 19, 22, 23 et 24 février 1854.)

rigea vers l'habitation de Waïnekeï, escortée par toute la population, qui, au premier abord, croyant à une nouvelle expédition de la nature des précédentes, à la vue d'un navire européen, avait jeté le cri de guerre et couru aux armes. Enfin on arriva à la case de Waïnekeï, grand bâtiment fortifié, précédé d'une forte muraille en palissade garnie de terre, et là le capitaine et ses deux compagnons furent témoins d'une de ces scènes qui ne se racontent pas, mais qui émeuvent toujours, surtout quand, comme ici, elles empruntent une grandeur particulière de la singularité du lieu et de la bizarrerie de la situation.

« Le vieux chef, fier et calme dans sa joie, comme il avait dû être grave dans sa douleur, étreignait son fils dans ses bras, et le pressait de questions sans cesse interrompues par de nouveaux embrassements. Le peuple assistait toujours en défiance à ce spectacle, et paraissait aussi étonné que joyeux de revoir son maître. Cependant, après quelques instants donnés aux premiers élans, on entra dans la case; les nouveaux venus furent invités à s'asseoir aux côtés du chef, et alors commença entre les naturels rassemblés une discussion animée, à laquelle le plus grand nombre prit part, tandis que les étrangers n'y pouvaient rien comprendre.

« Chaque fois qu'une proposition à laquelle semblait s'attacher un vif intérêt était agitée, le vieux chef consulté répondait imperturbablement par un signe négatif, et appuyait sa réponse par un mouvement de physionomie qui annonçait une détermination inébranlable. Enfin sa volonté, après de longs débats, parut prévaloir, et les visiteurs furent congédiés, sans savoir à quelle délibération solennelle ils avaient assisté. Plus tard, on sut qu'il s'agissait d'une question de vie ou de mort. Les principaux de la tribu voulaient absolument faire festin des trois blancs qu'ils avaient entre les mains, pour tirer vengeance de ceux qui les avaient devancés. Le frère de Waïnekeï surtout insistait sur des représailles sanglantes. Peut-être l'ambitieux sauvage était-il fâché de voir revenir un neveu qui l'excluait de la succession à la souveraineté. Mais le vieux chef, heureux de revoir son fils, s'était constamment opposé à l'acte d'insigne ingratitude qui se méditait, et c'est à cet éclair de reconnaissance, bien rare et bien fugitif, que nos compatriotes durent de ne pas être immolés.

« L'île d'Annatom est la plus méridionale des Nouvelles-Hébrides; il y existait, à cette époque, un établissement anglais occupé à l'exploitation du bois de sandal. On supposait donc, et avec raison, qu'il serait facile de s'y créer un pied-à-terre; c'était une base d'opérations au cœur même des archipels si redoutables de la Nouvelle-Calédonie, des Loyalty et du Salomas, où on n'avait encore réussi à rien fonder de stable. Profiter de cette position était un plan habile, et c'était là le but de la nouvelle direction que prenait *l'Arche-d'Alliance*.

« En effet, on arriva à Annatom, et, dès la première démarche, on put y acheter un terrain, le défricher, et y construire une maison qu'on avait apportée de Sydney; le cinquième jour elle était bâtie et habitée; les PP. Rougeras et Grange travaillèrent à s'y établir avec plusieurs frères laïques, tandis que le P. Rondaire restait à bord de *l'Arche-d'Alliance* pour suivre aux Loyalty le navire qui avait à y déposer ses naturels, et tenter d'y créer dès lors une mission.

« Le 27 mai, en effet, on appareilla, et le surlendemain 29 on laissa tomber l'ancre dans la baie de *Gaïlihu*, à l'ouest de la petite île de Lifu, pour y débarquer trois passagers; puis on releva pour Halgan, où on arriva le 2 juin, au mouillage du nord-est, devant le village de *Gnivassaü*, habité par la tribu ennemie de celle de Waïnekeï, et dont Nekelo était le chef.

« Nekelo venait justement, à trois ou quatre jours de là, de soutenir une attaque violente de Waïnekeï. Tout était ravagé; les cocotiers coupés, les bananiers déracinés, toutes les plantations détruites, les cases rasées de fond en comble. Cependant les agresseurs avaient laissé trois prisonniers au pouvoir de l'ennemi ; ces prisonniers avaient été dévorés, suivant l'usage, et leurs ossements, dont la moelle coulait goutte à goutte aux rayons du soleil, étaient suspendus à des poteaux fichés en terre devant la case de Nekelo....

« M. Marceau et le missionnaire furent reçus avec de grandes démonstrations de joie ; on leur montra ces misérables dépouilles comme de glorieux trophées, en déplorant qu'ils fussent arrivés trop tard pour prendre part au festin ; et, sous prétexte de donner une marque insigne de confiance au bienfaiteur de son pays, le chef pria le capitaine de prendre son jeune fils avec lui pendant une courte expédition que le navire devait faire sur les côtes habitées par la tribu de Waïnekeï.

« Peut-être le rusé sauvage voulait-il faire connaître à son fils le pays de son ennemi à l'abri d'une puissante protection ; peut-être pensait-il se donner une force morale, ou simplement faire acte de vanité sous le voile d'une haute amitié dont il faisait parade. Quoi qu'il en soit, *l'Arche-d'Alliance* leva l'ancre, ayant l'enfant à son bord, et se dirigea vers le village de Faïawé.

« Le capitaine Marceau ignorait encore à cette époque la nature de la délibération que nous avons rapportée, et qui ne dénotait pas un grand fonds de gratitude chez ces sauvages. Aussi fut-il justement étonné lorsque, en arrivant au mouillage, il crut remarquer que leurs dispositions étaient moins bienveillantes qu'il ne l'avait espéré.

« Plusieurs naturels étaient déjà à bord depuis longtemps, et Waïnekeï ni même Jukia, qu'il comptait voir accourir les premiers, ne paraissaient pas. Celui-ci cependant arriva ; mais sa contenance embarrassée et froide semblait celer quelque arrière-pensée. Dès ce moment, le capitaine fut sur ses gardes, et sa défiance ne tarda pas à recevoir une douloureuse confirmation, lorsque les insulaires, ayant aperçu le fils de Nekelo, demandèrent impérieusement qu'on le leur livrât. C'étaient, disaient-ils, le fils d'un ennemi ; il leur appartenait de droit ; ils le voulaient, il devait être mangé.

« M. Marceau alors interpella rudement Jukia, lui reprochant amèrement l'accueil qui lui était fait et surtout la cruauté dont lui et les siens donnaient un exemple si inattendu. Jukia, sans s'émouvoir, répondit avec la simplicité d'un homme étonné des reproches dont il était l'objet. Ses ancêtres, disait-il, rougiraient dans leur tombe, s'ils le voyaient en face d'un ennemi sans le frapper ; et d'ailleurs ce n'était qu'un enfant ; le disputer à des hommes, c'était une marque de dédain dont sa fierté s'irritait, et qu'il ne pouvait tolérer en face de son peuple. En vain le capitaine et le missionnaire opposèrent-ils à ces prétentions la résistance et la menace. Les sauvages, les uns accoudés sur la table, les autres parlant et gesticulant alentour, s'animaient et s'excitaient du regard.

« Leurs yeux brillaient d'un éclat sinistre ; leur voix prenait cette sonorité stridente qui, dans la passion, fait ressembler leur langage à un cliquetis ; et pendant ce temps leur nombre s'augmentait, l'agitation gagnait le pont du navire ; quelques casse-tête même circulaient dans la foule. Le moment était suprême ; c'était l'heure des décisions héroïques. Alors le capitaine, armé de son porte-voix, appela l'équipage et commanda d'appareiller sur-le-champ. La promptitude de cet ordre, le chant des matelots qui viraient l'ancre ou hissaient les voiles, jetèrent la confusion dans les groupes et firent une diversion subite au bruit de voix désordonnées qui, un instant auparavant, sortait de la chambre et se répandait au dehors.

« Enfin Jukia, Jukia lui-même, consterné, hors de lui, accourut plein d'anxiété auprès du capitaine, le suppliant au moins d'attendre que par des signaux il eût rappelé les pirogues qui, à ce moment, avaient rallié le rivage. Mais il était trop tard ; le temps de la menace était passé ; les supplications étaient vaines ; M. Marceau fut inflexible ; les sauvages, à deux milles de terre, n'avaient d'alternative que de se laisser emporter par le bâtiment ou de se jeter à la mer.

« Enfin le navire gagnait le large ; il fallait obéir,

et tous durent rejoindre leur île à la nage, tandis que *l'Arche-d'Alliance* forçait de voiles pour fuir ces parages, où d'abominables instincts l'emportaient sur les sentiments les plus sacrés de l'humanité et de la reconnaissance. »

Ainsi, malgré la constance héroïque des missionnaires, l'œuvre à laquelle ils s'étaient dévoués était loin de prospérer. L'absence prolongée de Mgr d'Amata augmentait encore leur isolement et leur affliction. Une révolution venait de s'accomplir en France, et les préoccupations politiques avaient détourné l'attention de ces pieux établissements, relégués à cinq mille lieues de la mère-patrie. Le drapeau français n'apparaissait plus qu'à de rares intervalles dans les parages de l'Océanie; il y était sans crédit, sans autorité, et l'Angleterre, au contraire, profitait de nos troubles pour y faire prévaloir son influence. Mgr d'Amata ne pouvait obtenir du gouvernement républicain une intervention active et immédiate au milieu des complications politiques qui entravaient alors la marche des affaires. Nous l'avons vu, dans ces temps de troubles, parcourir les villes et les campagnes, prêchant avec l'éloquente simplicité du P. Bridaine, et recueillant de rares aumônes pour satisfaire aux plus pressants besoins de son troupeau, jusqu'au moment où, reprenant le bâton de voyage qui lui servait de crosse épiscopale, il retourna une seconde fois dans ce lointain diocèse d'où il ne devait plus revenir.

Mission catholique de l'île des Pins. (1848-1851.)

Pendant que leurs compagnons erraient, sans pouvoir y trouver un asile, dans les archipels voisins des Loyalty et des Nouvelles-Hébrides, quelques autres missionnaires, plus heureux, étaient parvenus à s'établir dans l'île des Pins, au sud de la Nouvelle-Calédonie. Ignorant la langue des naturels, ils ne purent d'abord songer qu'à se rendre indépendants de la charité des sauvages, en travaillant eux-mêmes à la terre pour subvenir à leurs besoins. Ils avaient avec eux quelques provisions salées et des outils qu'ils avaient reçus à Sydney. Sans se décourager un instant, ces athlètes de la foi recommencèrent leurs pénibles travaux, et, pendant trois ans, l'île des Pins devint le quartier général de la mission proscrite et dispersée. Le P. Goujon, jeune prêtre qui à une piété ardente joignait une remarquable énergie, dirigeait la mission pendant l'absence de Mgr d'Amata. Quelques extraits de sa correspondance nous permettront de compléter les détails que nous avons déjà donnés sur l'île des Pins, cette annexe de la Nouvelle-Calédonie.

Extrait d'une lettre du R. P. Goujon, missionnaire apostolique de la Société de Marie, au R. P. Lagniet, provincial de la même Société.

« Ile des Pins, N. D. de l'Assomption, 28 octobre 1848.

« .... Nous avons pris possession de l'île des Pins le 15 août, et nous en avons fait en ce jour la consécration à Marie, reine du ciel. Elle peut avoir dix lieues de tour, mais sa population est peu considérable. Le chef réunit dans ses mains toute l'autorité, et reçoit de son peuple des honneurs extraordinaires. Comme il est bien disposé pour nous, l'empire qu'il exerce sur son peuple peut devenir avantageux à notre mission.

« Nos insulaires sont de couleur presque noire; les hommes ont la taille haute et bien prise; leur regard n'a rien de farouche, et il ne nous est pas encore prouvé qu'ils soient aussi voleurs que leurs voisins. Je ne sais s'ils sont anthropophages, mais ils s'en défendent et ont l'air de mépriser leurs voisins qui mangent les hommes. Malgré ces démonstrations extérieures, on voit cependant qu'ils regardent avec convoitise la chair des blancs, surtout le gras des jambes, et, au moment où vous y pensez le moins, vous sentez une main passer légèrement sur votre mollet; si vous dites à l'indiscret que vous prenez en faute : « Ce que tu fais est mal, » il répond en se pinçant les lèvres : « Oh! *Lelei!*

« c'est bon ! » Néanmoins, nous n'avons eu jusqu'ici à leur reprocher aucune insulte.

« Depuis quelque temps ils négligent fort leurs plantations d'ignames et de cannes à sucre, et les vivres commencent à leur manquer. En voici la cause : leur île produit beaucoup de bois de sandal, espèce de bois blanc qui exhale une odeur aromatique et dont les Chinois se servent pour confectionner de petits objets de curiosité ou pour composer leur huile de senteur. Nos insulaires exploitent le sandal avec beaucoup de peine et le vendent aux armateurs anglais pour quelques mètres d'étoffe, pour une pipe, un morceau de tabac, etc. Rien ne l'emporte à leurs yeux sur ces bagatelles. Ils oubliaient donc la culture de leurs champs pour faire ce commerce improductif; mais le grand chef en a reconnu l'abus; il vient de réunir tout son peuple pour une fête publique, à l'issue de laquelle il va lui intimer l'ordre de ne s'occuper désormais qu'à soigner ses plantations. »

Le chef dont parle le P. Goujon est un homme de quarante ans, haut de près de six pieds et taillé à proportion; sa figure est grave et assez bienveillante, son nom sauvage est *Djény*. Il s'est montré dans toutes les occasions favorable aux missionnaires et aux Français. C'est sans doute à cette conduite généreuse qu'il a dû d'être maintenu dans son pouvoir, lors de la récente occupation de l'île des Pins par la France. Étant encore jeune, Djény partit à la tête d'une expédition contre la Nouvelle-Calédonie. Il devait descendre d'abord chez une tribu alliée, afin d'y réunir ses guerriers et de se préparer au combat. Mais en débarquant il trouva toute la tribu sous les armes, dans une attitude plus menaçante qu'amicale. Djény, suivi de peu de monde, hésita un instant; il se crut tombé dans un piége et se disposait à vendre chèrement sa vie, lorsque le vieux chef calédonien s'aperçut des soupçons qu'il avait conçus et, pour le rassurer, lui envoya son casse-tête en signe d'amitié.

Le retour de Mgr d'Amata donna une nouvelle impulsion aux travaux des missionnaires. Le prélat arriva dans son diocèse le 7 septembre 1850, après une absence de plus de trois ans. Il se remit à l'œuvre avec ardeur, et bientôt sa maisonnette épiscopale s'éleva au haut d'un petit monticule qui dominait le port de l'Assomption. Au bas de ce monticule s'étendait le jardin de la mission, arrosé par un bassin et par un cours d'eau. Chaque spécialité prit son essor. Mgr d'Amata, mécanicien intrépide, creusa de ses propres mains une bonne partie de la fosse où se meut la grande roue hydraulique. Le P. Chapuy organisa une scierie mécanique; un autre établit des ruches d'abeilles ; un troisième prit soin du troupeau. Chacun des trois frères cumulait en outre diverses fonctions : l'un était médecin, un autre menuisier, et le troisième cuisinier.

L'Arche-d'Alliance, pendant son second voyage de circomnavigation dans les mers de l'Océanie, sous le commandement du capitaine Cazalis (1850-1852), visita l'île des Pins et trouva la mission française, sinon prospère et florissante, du moins remise en partie de ses douloureuses épreuves.

Mgr d'Amata, qui, au péril de sa vie, dirigeait de nouvelles croisades apostoliques contre la Nouvelle-Calédonie, avait remis le vicariat de l'île des Pins entre les mains du P. Goujon. A défaut des annales des missions, les rapports adressés aux armateurs de *l'Arche-d'Alliance* nous aideront à compléter l'historique de l'établissement de l'Assomption. Pendant son séjour à l'île des Pins (septembre 1851) le capitaine Cazalis assista à l'installation du nouvel évêque :

« La case qui lui servait de cathédrale, dit-il, se composait d'un mur circulaire élevé de deux pieds environ au-dessus du sol, et recouvert d'une toiture conique aiguë; c'est un peu l'aspect d'une grande ruche d'abeilles. L'entrée n'est qu'un trou qu'on franchit en rampant. Les anciens de l'île avaient été convoqués pour assister à la messe par laquelle le P. Goujon inaugurait son apostolat. Nos yeux furent quelques minutes avant de se faire à l'obscurité qui régnait dans l'intérieur; mais peu à peu nous distinguâmes quarante sauvages environ, accroupis sur le sol, tous sérieux et dignes comme des sénateurs romains.

« Nous nous assîmes auprès du roi. Le P. Goujon remercia d'abord l'assemblée de l'empressement qu'elle avait mis à se rendre à sa convocation. Il se fit un profond silence. Le P. Goujon se leva, détacha de son cou sa croix de missionnaire, prit dans sa poche un clou qu'il avait apporté, se servit d'un caillou en guise de marteau, et, s'avançant avec un calme et une dignité remarquables vers le poteau du milieu qui soutenait la case, il y ficha le clou auquel il suspendit le crucifix. Sublime prise de possession !

« Cette action, si simple en apparence, revêtait en ce moment un caractère des plus imposants. Tous ces vieux chefs sauvages, dont les yeux et les dents scintillaient seuls dans l'obscurité de la case, gardaient l'immobilité la plus complète : on eût entendu battre les cœurs.

« Nous entonnâmes le *Veni Creator*, puis le P. Goujon adressa aux naturels la parole en leur langue.

« Il leur parla d'abord de la création du monde. Il les entretint ensuite de cette douce fraternité qui résulte d'une même croyance au vrai Dieu. La présence de *l'Arche-d'Alliance* lui servait de texte. Nous venions dans ces pays lointains leur apporter les lumières de la civilisation et de la foi. Le Dieu qu'on venait leur prêcher nous obligeait à les aimer comme des frères ; il les aimait lui-même autant et peut-être plus que nous. Il terminait en leur recommandant le repos et la sanctification du dimanche.

« Nous ne comprîmes rien aux paroles chaleureuses du P. Goujon ; mais nous entendîmes de temps à autre s'échapper de la poitrine de tous les assistants un sifflement sourd et concentré, signe manifeste d'approbation chez les sauvages.

« Après cette allocution improvisée, nous chantâmes l'*Ave maris stella*. Le roi s'avança alors vers le P. Goujon : « Tu as bien parlé, » lui dit-il. Nous sortîmes enfin de cette fournaise, dans laquelle fumaient quatre ou cinq foyers à demi éteints. »

L'Arche-d'Alliance demeura huit jours à l'île des Pins, où elle embarqua quarante tonneaux de bois de sandal. Le capitaine Cazalis alla un jour, en compagnie des PP. Goujon et Rondaire, visiter une succursale de leur établissement, située à Gadjy, sur la côte nord-ouest de l'île, qu'ils traversèrent diamétralement sur un immense plateau très-élevé et sans végétation. Après quatre heures de marche, ils descendirent de ce plateau vers la mer, dans le village de Gadjy. Les naturels étaient aux champs, les cases étaient désertes. Le capitaine visita l'habitation du chef, les doubles pirogues de guerre, et déjeuna avec ses compagnons de voyage dans une case neuve construite par les pères, et où ils viennent faire l'école une fois par semaine. Un rideau de *tapa* cachait une chapelle, la plus modeste qu'il y ait au monde.

De Gadjy on distingue parfaitement les côtes de la Nouvelle-Calédonie. Autrefois les habitants de ce village étaient obligés d'aller fort loin chercher l'eau pour leur usage. Le P. Chapuy les a dotés d'un puits à l'entrée même du village, bienfait immense que les sauvages ont bien apprécié.

Cette partie de la côte de l'île des Pins est parsemée d'îlots et de récifs qui lui donnent l'aspect d'un immense jardin. C'est dans le plus extérieur de ces îlots que le capitaine Cook put couper quelques espars dont ses navires avaient besoin.

Nouvelles croisades apostoliques de Mgr d'Amata.

En choisissant l'île des Pins pour quartier général de sa mission, Mgr d'Amata n'avait pas renoncé au projet de reconquérir son domaine apostolique ; il fit, au contraire, plusieurs tentatives pour s'établir de nouveau dans la grande île. Confiant dans le caractère mobile des Calédoniens, et plus encore dans la Providence, il espérait voir un réveil se manifester chez ces populations, lasses peut-être de guerre civile et de carnage. Une première expédition eut lieu quelques mois après le retour du prélat. On visita d'abord plusieurs points de la côte : Yaté dans le sud-est ; puis Kanalah, Kuanah, et enfin Balade.

« Heureux de notre rentrée dans cette île que de grandes épreuves nous avaient rendue si chère, dit le P. Rougeyron, nous nous présentâmes à Yenguène, chez le chef anthropophage qui avait contribué à notre expulsion. Bouarate nous reçut avec de vives démonstrations de joie ; des pères furent désignés pour cette station, tandis que Monseigneur, le P. Bernin et moi devions aller fonder un second établissement à Pouébo ou à Balade. Tandis que nous formions ces projets, nous apprîmes à Yenguène que les habitants de Balade, de leur côté, avaient surpris un navire[1] et en avaient mangé l'équipage. Cette nouvelle nous fit frémir et renversa tous nos plans. Nous ne laissâmes cependant pas de nous rendre dans cette dernière tribu, où il fut facile de reconnaître par nous-mêmes la triste vérité du récit qu'on nous avait fait. Il y aurait eu une grave imprudence à nous fixer parmi ces horribles anthropophages. Aussi notre parti fut bientôt arrêté : c'était de recevoir à bord nos quelques néophytes et de nous retirer avec eux dans un lieu plus sûr.

---

1. *Le Cutter.*

« Ce dernier acte de cannibalisme, je vous l'avoue, m'avait tellement indigné que je ne voulais pas même mettre pied à terre dans cette tribu; mais Monseigneur, qui désirait revoir le lamentable théâtre de nos épreuves, était déjà descendu dans l'embarcation. Je sautai auprès de lui, car je ne pouvais le laisser aller seul au danger. A mesure que nous approchions du rivage, nous apercevions les sauvages armés qui se réunissaient et avaient l'air de chuchoter ensemble. Nous avancions vers eux à toutes rames, et, de leur côté, ils venaient à nous, mais à pas lents et en se tenant sur leurs gardes. Bientôt un cri part de leurs rangs : « C'est l'Épikopo, c'est le P. Rougeyron et « Jean! » En même temps ils jettent leurs armes et viennent droit à notre canot. Leur chef, Tiangoumé, prend en main un morceau de tapa, en signe de paix, et, en nous abordant, il nous improvise ce petit discours :

« Épikopo, P. Rougeyron, et toi Jean, nous
« avons honte de paraître devant vous après tout
« le mal que nous vous avons fait. Pahili-Pouma,
« notre ancien chef, n'est plus, et voilà pourquoi
« nous sommes devenus méchants. Mais pardon-
« nez-nous, et nous redeviendrons bons. Revenez
« habiter au milieu de nous. Si vous ne pouvez sup-
« porter notre présence, parce que nous avons été
« trop coupables, voyez ces hautes montagnes de

« Diahot ; nous irons cacher notre honte derrière
« elles, et vous demeurerez ici. Choisissez la vallée
« qui vous sera la plus agréable. »

« Nous leur répondîmes que le premier sang versé aurait été pardonné de bon cœur, s'ils n'en avaient pas versé de nouveau. A cela Tiangoumé répliqua qu'ils se croyaient abandonnés des missionnaires pour toujours, qu'ainsi ils s'étaient laissés aller au désespoir et par suite au crime. J'ai appris depuis qu'un petit nombre seulement de Baladiens, et des plus mauvais sujets, avaient trempé dans cet horrible attentat contre l'équipage du *Cutter*. Monseigneur leur promit toutefois qu'il reviendrait plus tard au milieu d'eux, s'ils voulaient sincèrement se convertir, et ils furent satisfaits.

« Le lendemain, nous redescendîmes à terre, et, encouragés par les bonnes dispositions des naturels, nous désirâmes revoir ces lieux pour nous de si triste mémoire. C'était un véritable chemin de la croix que nous avions à parcourir, depuis l'emplacement où s'élevait, deux ans et demi auparavant, notre petite chapelle, et que nous retrouvâmes couvert d'herbe et de broussailles, jusqu'à l'endroit où le pieux frère Blaise avait versé son sang. Partout nous fûmes bien accueillis. La douleur paraissait peinte sur tous les visages. Un seul, et c'était le grand chef Nemona, se montra fier et peu repentant. Bien que sa tenue fût assez convenable, il y avait une fourberie mal déguisée au fond de cette âme perverse, première cause de tous nos maux. »

Les missionnaires s'aperçurent bientôt, en effet, que la bienveillance dont ils étaient l'objet tenait bien moins de la sympathie que de la convoitise, et ils durent en conclure, qu'ils feraient bien de rester sur leurs gardes. Et puis de fâcheux symptômes leur avaient donné l'éveil : une fois ils avaient aperçu sur le rivage le chef se promenant vêtu d'une soutane, et un autre vêtu d'une aube provenant évidemment du pillage de Balade. Enfin, ils surent, à n'en pas douter, qu'ils étaient sérieusement menacés. Ce chef leur avait tendu un piége auquel leur bonne foi s'était laissé prendre. D'abord, ses vues n'avaient pas été au delà d'un riche butin à conquérir ; puis il trouva commode de se faire construire une maison à l'européenne avec un terrain en bon rapport ; enfin il réservait à ses sujets un festin de haut goût pour l'époque où son nouveau palais serait inauguré, époque qui coïncidait avec la fête célébrée habituellement par tous ces peuples au moment de la récolte des ignames.

Mais une protection singulière veillait sur les missionnaires. Une barque, montée par les naturels d'une île voisine des Wallis et dirigée par un

Américain, était occupée à pêcher le trépan sur les côtes pour un armateur de Sydney. L'équipage de cette barque avait surpris les intentions des Calédoniens et épiait leurs mouvements : ce furent eux qui tinrent les pères au courant de ce qui se tramait. Ceux-ci pourtant ne voulaient pas abandonner la place ; d'ailleurs ils n'avaient à leur disposition aucun moyen de fuir, et le temps de la récolte avançait. Ils étaient résignés et attendaient leur sort, presque heureux d'offrir leur vie en sacrifice, lorsque la Providence vint encore une fois à leur secours. Mgr d'Amata avait frété la goëlette *la Marianne* pour porter la mission à la Nouvelle-Calédonie, et renvoyé cette goëlette à Sydney pour y chercher des vivres, ainsi que différents objets nécessaires à l'établissement.

Le temps était loin encore où, suivant toute probabilité, elle devait avoir effectué sa double traversée. Mais, au lieu de se rendre directement à sa destination, elle avait touché à l'île des Pins, et y avait trouvé, arrivé par une autre voie, ce qu'elle devait aller prendre à Sydney, de sorte qu'elle avait pu revenir immédiatement et gagner plus d'un mois sur la durée de son voyage. Aussi fut-ce avec autant de surprise que de joie que les missionnaires la virent paraître dans les eaux de Yenguène, au moment où son arrivée était à la fois la plus inattendue et la plus opportune. Cependant ils délibéraient encore ; ils hésitaient à partir, et tous leurs mouvements étaient épiés ; ils n'auraient pas pu un instant s'éloigner tous ensemble, sans que leur dessein fût découvert et sans que leur vie fût exposée au péril le plus immédiat. Ce fut alors qu'ils furent prévenus de la manière la plus positive qu'ils allaient être sacrifiés. Le jour, l'heure étaient fixés ; la fête était organisée, et plusieurs chefs voisins conviés au festin destiné à resserrer les liens qui unissaient leurs tribus. On se décida alors ; restait à statuer sur les moyens d'évasion, car le premier soupçon eût été le signal d'une catastrophe.

Cependant, au milieu des soins et des inquiétudes, les travaux du nouvel établissement s'étaient achevés ; le terrain était défriché, clos et ensemencé ; la maison était construite et prête à recevoir ses habitants. On parla de l'occuper, et on engagea le chef à venir la visiter en même temps qu'on en prendrait possession. Celui-ci, au comble de ses vœux, y consentit avec empressement. C'était là que devait s'accomplir le sacrifice.

Au jour convenu, l'embarcation de *la Marianne* vint à terre ; on y chargea les coffres, les vivres et les menus objets qui composaient le bagage des missionnaires ; eux-mêmes ils montèrent dans la chaloupe, tandis que le chef, ses proches et ses affidés, suivaient dans une grande pirogue de guerre.

Une baie séparait la case du chef de la nouvelle habitation construite par les missionnaires. Mais au lieu de la traverser en ligne droite, la chaloupe obliqua vers la goëlette qui stationnait en dehors des récifs. Les sauvages qui la suivaient ne comprenaient point cette manœuvre ; ils criaient, ils gesticulaient, ils frémissaient d'impatience et de soupçon ; puis bientôt leurs yeux s'ouvrirent ; ils se dressèrent d'un bond dans la frêle embarcation, et ce fut un rugissement effroyable de rage, d'imprécations et de menaces. En même temps les rameurs redoublaient d'efforts ; ils se courbaient et se redressaient sur leurs pagaies comme des ressorts d'acier ; les hurlements du rivage se mêlaient à leurs hurlements ; la pirogue volait sur l'eau ; elle gagnait du terrain ; la chaloupe alourdie avait un moindre sillage ; l'espace diminuait, et la goëlette était loin encore.

Cependant les rameurs pressaient leurs coups avec l'énergie du désespoir ; leurs compagnons les voyaient et leur tendaient les bras ; ils approchaient ; les sauvages étaient sur leurs pas ; on leur jetait des amarres, ils allaient les saisir ; la pirogue les atteignait ; mais il était trop tard ; déjà le navire pouvait la foudroyer ; elle s'arrêta court, et elle dut assister inoffensive à l'embarquement de ceux qu'elle avait inutilement poursuivis. Ce fut alors un tonnerre non plus de menaces, mais de désolation.

Les misérables pleuraient et se frappaient la poitrine. Cependant d'autres pirogues s'étaient détachées du rivage et accouraient en hâte ; peut-être le péril allait-il renaître plus imminent ; peut-être *la Marianne*, investie, allait-elle succomber sous le nombre ; mais les ancres furent levées aussitôt, et elle gagna le large, poussée par une bonne brise, emportant les malédictions d'une horde de cannibales qui se voyait frustrée dans ses plus chères espérances.

Nous avons raconté les perplexités de Yenguène, mais ce n'était pas assez pour décourager les apôtres. Ils ne voulaient pas quitter encore la Nouvelle-Calédonie, et ils résolurent de chercher un autre point de la côte où ils pussent tenter un nouvel effort. Le navire fit voile vers l'extrême pointe sud-est de l'île.

« Nous établîmes notre petite réduction, continue le P. Rougeyron, dans un lieu appelé *Yaté*. Là, tout prospérait déjà ; nos jeunes Baladiens avaient cultivé de vastes champs, lorsque, dans cette retraite que nous regardions comme peu habitée, nous nous vîmes bientôt entourés d'une foule de sauvages accourus de plus de dix lieues à la ronde. Des menaces, des complots se formaient chaque jour contre notre colonie naissante. Sur ces entrefaites arriva Monseigneur avec toute sa suite. Ils avaient failli tomber sous les coups du cruel Bouarate, le chef d'Yenguène, et ils comptaient trouver sûreté et repos au milieu de nous. Nous leur apprîmes, hélas! qu'à Yaté nous avions peu d'espérance pour l'avenir ; que tôt ou tard, surtout au temps de la récolte, il faudrait ou laisser piller la moisson, ou permettre à nos gens de se défendre avec des armes à feu. Sa Grandeur ne put se résoudre à employer un moyen peu en rapport avec le but de notre mission. Après nous avoir tous consultés, il décida que nous quitterions la Nouvelle-Calédonie, puisque nous ne pouvions y rester sans repousser la force par la force.

« Avant de secouer la poussière de ses pieds sur ce malheureux pays qui ne voulait pas recevoir la grâce de Dieu, Monseigneur me chargea d'aller annoncer cette résolution à nos néophytes. Ils avaient le choix, ou de retourner chez eux avec le navire qui était au port, ou bien d'aller à Futuna[1], où ils trouveraient des missionnaires. A cette nouvelle, tous fondirent en larmes ; c'était la foi qui les leur faisait verser. «Et mon père, » disait l'un, « et ma mère, disait l'autre, ne seront donc « jamais chrétiens ! » Ainsi s'exhalait leur douleur. Je ne pus tenir à un spectacle si attendrissant, et je m'éloignai d'eux pour leur laisser le loisir de

---

1. L'île de Futuna est située à l'est de l'archipel de la Nouvelle-Calédonie.

se communiquer leurs idées. Quelques instants après je revins, je fis cesser leurs sanglots en leur demandant quel parti ils avaient pris. « Vous suivre « partout où vous irez, répondirent-ils. — Mais si « nous retournons dans notre pays, il y fait froid, « et vous mourriez bientôt. — Tant mieux, » s'écrièrent-ils ; « maintenant nous ne désirons plus « que la mort. » Leur avis unanime fut de se transporter dans une île bien éloignée où il y aurait des missionnaires, afin de ne plus entendre parler d'une patrie qu'ils regardaient comme réprouvée pour toujours.

« Nous mîmes alors à la voile, chassés pour la seconde fois de la Calédonie, et bientôt nous arrivâmes à l'île des Pins. Je profitai de ce temps pour finir d'instruire les catéchumènes. Monseigneur les baptisa, au nombre de treize, à l'arrivée du vaisseau qui devait nous transporter à Futuna, où nous arrivâmes après un mois de traversée. Abstraction faite des misères inséparables du séjour d'un navire comme le nôtre, tout le reste allait bien ; l'équipage était uni et tout à fait complaisant à notre égard ; le bon ordre régnait parmi nos naturels. Ils souffraient, eux aussi, dans la cale où ils couchaient presque les uns sur les autres ; mais aucun ne murmurait. L'un d'eux, Michel, notre fidèle catéchiste, est resté étendu et malade, sur la chaîne de l'ancre, durant environ quinze jours.

C'était un assez gros cilice : eh bien ! il n'a pas fait entendre un mot de plainte. Pour dédommager mes néophytes de cet état de gêne, quand arrivait un jour de calme, je leur permettais de se baigner. Alors éclatait la joie. Au signal que je donnais, ils se précipitaient à la mer, les uns des bastingages, les autres du haut des mâts, et ils folâtraient si bien dans l'eau, qu'on les eût pris pour une troupe de marsouins. Ce petit délassement leur faisait oublier tous leurs maux.

« Nous mouillâmes à Futuna un dimanche matin. On plaça notre petite colonie auprès du chef Philippe, non loin du collége qu'on essaye de fonder. Le R. P. Mathieu a bien voulu y recevoir six jeunes Calédoniens. Le P. Gagnière restera avec eux pour apprendre leur langue et leur donner ses soins. Pour moi, j'ai repris la mer, et me voilà près d'aborder à Sydney. Mon but est, aussitôt que je serai arrivé, de fréter un navire et de repartir pour la Nouvelle-Calédonie. Si j'y trouve deux cents naturels qui veuillent me suivre, je les conduis tous à Futuna, au milieu de ces bons néophytes qui seront enchantés de les recevoir, et qui m'ont déjà comblé de présents pour leurs hôtes futurs. Je suis convaincu qu'en très-peu de temps, avec les instructions qui leur seront faites, et les bons exemples qu'ils auront sous les yeux, ils deviendront d'excellents chrétiens. Aussi, si je vais à Balade, je n'hésiterai pas à prendre ceux qui se présenteront, les chefs de préférence, et le grand chef lui-même, tout mauvais qu'il peut être.

« Si vous voulez, mon très-révérend père, continuer cette mission de la Nouvelle-Calédonie, je consens volontiers à retourner pour la troisième fois sur le champ de bataille, et cette fois il faudra vaincre ou mourir. Je n'ignore pas les peines sans nombre que j'y rencontrerai encore. Mais n'importe, je me dévoue pour mes premiers enfants en Jésus-Christ. Dans cette nouvelle tentative, j'ai la confiance que la croix triomphera et que le glorieux étendard du salut sera enfin arboré sur ces rives sauvages et inhospitalières. Il y a tout à espérer de ces gens, une fois qu'ils seront convertis : jusqu'à présent aucun de nos chers enfants ne nous a été infidèle.

« Au cas où la volonté de Dieu, qui me sera manifestée par votre décision, me rappellerait en Calédonie, il nous faudra commencer le plus simplement possible : deux prêtres sans frères suffiront pour les premières années, et nous ne prendrons avec nous que les objets absolument indispensables.

« Je crois vous avoir tout dit en simplicité de cœur. Faites ce que le bon Dieu vous suggérera : vous trouverez en moi, je l'espère, un enfant docile et soumis aux volontés de son père...

« ROUGEYRON, S. M. »

« *Post-Scriptum* du 20 septembre 1850. — Mon projet a réussi. Après être revenu en Calédonie, je suis reparti pour Futuna avec quarante naturels, tant hommes que femmes ; sept d'entre eux sont des chefs influents, et trois sont du nombre de nos assassins. Touchés de repentir, ces derniers m'ont supplié de leur permettre de me suivre. A tout péché miséricorde : ils sont aujourd'hui mes plus grands amis. *Potens est Deus de lapidibus istis suscitare filios Abrahæ.* La traversée a été longue et pénible ; nous avons eu continuellement vent debout. Enfin, le 8 septembre, fête de la Nativité de la Sainte-Vierge, nous sommes arrivés à Futuna. La première colonie était restée fidèle à ses devoirs et s'était acclimatée à sa nouvelle patrie. J'espère qu'il en sera de même des derniers venus. Ici, nos Calédoniens sont à l'école de la sagesse ; dès qu'ils seront bien convertis, le P. Gagnière et moi comptons les ramener dans leur pays. En attendant, je vais m'appliquer de mon mieux à les instruire et à prier pour eux. Dieu fera le reste.

« Agréez, etc.   Rougeyron, S. M. »

Expédition de *l'Alcmène* (1851) ; deux officiers et douze matelots français dévorés par les sauvages.

Nos marins n'étaient pas plus heureux que nos missionnaires dans leurs tentatives sur la Nouvelle-Calédonie. Pendant les premiers mois de 1851, la corvette *l'Alcmène*, commandée par M. d'Harcourt, était en exploration sur la côte N. E. de l'île. Deux embarcations, montées par quinze hommes et commandées par deux jeunes officiers d'une distinction particulière, MM. de Varennes et de Saint-Phal, avaient été détachées pour prendre des relèvements hydrographiques. Plusieurs fois déjà on avait mis pied à terre, et on n'avait trouvé aucun motif de défiance dans les dispositions des naturels. Mais cette indifférence apparente cachait de sinistres projets, et une catastrophe eut lieu, la plus douloureuse de celles qu'aient eu à subir nos compatriotes dans ces dangereux parages.

Extrait d'une lettre de M. Fonbonne, missionnaire mariste, à sa famille.

« .... En vous écrivant de Taïti, il y a un an, je vous disais que nous avions l'espoir, chaque jour, de voir arriver la goëlette de notre mission qui nous porterait à Wallis. Après avoir attendu inutilement plusieurs semaines, nous nous étions décidés à demander passage au gouverneur et à M. d'Harcourt, commandant la corvette de guerre *l'Alcmène*, qui allait appareiller pour visiter quelques îles de l'Océanie, et notamment la Nouvelle-Calédonie. Notre demande fut accueillie avec une bienveillance dont nous aimons à garder le souvenir, et nous visitâmes ainsi les îles Pomoton, puis celles des Navigateurs, Wallis, et enfin Sydney. Avant de quitter ce dernier port, le commandant avait demandé et obtenu de Mgr d'Amata qu'il lui donnât pour guide et pour interprète un frère de la mission qui avait habité la Nouvelle-Calédonie. C'est ce frère qui, en revenant, il y a quelques jours, nous a rapporté le détail des scènes atroces qui se sont passées sous ses yeux.

« Après avoir relevé diverses positions, le commandant jeta l'ancre à Balade; puis, voulant tracer la carte de la pointe de l'île, il avait expédié une chaloupe montée par douze hommes d'équipage, un chef de timonerie et deux officiers. On avait fourni l'embarcation de vivres pour une douzaine de jours, et, en cas de quelque surprise, on avait pris quatre fusils avec des munitions. Le point que l'on voulait explorer était à dix lieues de Balade. La crainte de tomber entre les mains de tribus féroces et anthropophages empêcha l'équipage de faire une descente sur la grande île de Calédonie; mais, comme on crut être certain que quelques îles voisines, à peu de distance, étaient inhabitées, dès le lendemain matin on y descendit, et sans défiance; ce fut là le grand malheur. Les deux officiers étaient à peine à terre qu'une troupe de quelques centaines de sauvages fondaient sur eux tout à coup, en poussant les hourras les plus féroces. Ils étaient armés de haches, de frondes, de casse-tête, de lances et de flèches. On avait eu à peine le temps de les apercevoir, que le premier officier tombait, frappé à la tête de deux coups de hache. Deux matelots qui le relèvent et le portent, au milieu d'une grêle de traits, sur l'arrière de l'embarcation, expirent bientôt eux-mêmes sous les coups qui pleuvent de toutes parts. En vain on cherche dans cette lutte à mort, dans cet effroyable pêle-mêle, à dégager les fusils et les munitions, on n'en a pas le temps; en vain le pilote de la chaloupe se fait jour devant lui, en frappant à droite et à gauche avec la barre du gouvernail dont il s'était armé ; en vain le second officier, déjà percé de coups, pare avec son épée : en quelques instants, les sauvages font autant de victimes qu'il y avait de matelots dans la chaloupe. Quatre seulement essayent de se sauver à la nage : mais l'un d'eux est massacré sur la plage où on l'attendait ; les trois autres avaient fui dans des directions opposées.

« Cependant huit jours s'étaient passés, et, à bord de la corvette, on commençait à concevoir des inquiétudes. Le frère dont je vous ai parlé, et qui connaissait les mœurs féroces du pays, augmentait les alarmes par les prévisions qu'il exprimait. Un jeune Calédonien était allé à bord et avait répandu quelques vagues rumeurs; mais il ne savait, disait-il, rien de bien positif. Vous jugez de l'effervescence qui gagne l'équipage à chacune de ces conversations. Un jour, à l'heure où l'on bat le rappel du soir, les matelots s'écrient : « Ce ne sont plus « nos hamacs qu'il nous faut, ce sont des fusils ! » Le commandant, pour calmer l'exaspération des esprits, monte sur le pont, et leur dit que rien ne prouve que le malheur soit réellement arrivé, qu'il faut attendre encore; mais que, s'il se confirme, on tirera certainement vengeance de la barbarie des naturels.

« Dès le lendemain matin, une chaloupe armée est expédiée pour avoir quelque nouvelle; et bientôt l'on acquiert la triste certitude du malheur qu'on appréhendait. La première embarcation est retrouvée intacte, mais complétement dévalisée, et présentant les horribles et sanglants vestiges d'un combat à mort. Quelques naturels que l'on interroge ne laissent plus de doutes. Après le massacre, on avait éventré et vidé les cadavres; puis immédiatement les cannibales avaient procédé à l'horrible festin, envoyant aux parents et aux alliés une part de cette épouvantable boucherie.

« Trois matelots, ajoutait-on, qui s'étaient enfuis à la nage, avaient été adoptés dans une tribu voisine; mais qu'étaient-ils devenus ?... On n'avait rien de mieux à faire, pour le moment, que de regagner le bord. Figurez-vous tout l'équipage silencieux sur les bordages, attendant quelques nouvelles, et les yeux fixés de loin sur la chaloupe qui revenait tristement, ayant à sa remorque une embarcation vide.... « Commandant, » dit l'officier de l'expédition, en abordant avec une contenance morne et les yeux gros de larmes, « voilà tout ce « que nous avons pu recueillir !... » Vous connaissez le matelot français : au silence qui se faisait tout à l'heure succèdent mille cris de mort. A peine on laisse au commandant le temps de délibérer avec son conseil ; il faut immédiatement opérer une descente ; sept chaloupes, montées par plus de cent hommes et armées de toutes pièces, se dirigent vers le théâtre des événements.

« A quelque distance du rivage parurent alors quelques sauvages qui, derrière les arbres où ils s'abritaient, brandissaient leurs armes et agitaient divers lambeaux d'étoffes, peut-être les dépouilles de leurs infortunées victimes. Les chaloupes se rangèrent aussitôt de manière que, si les cannibales avançaient ou quittaient leur retraite, on pût faire feu de toutes les pièces à la fois ; mais on attendit en vain, et les sauvages, qui prirent cette manœuvre pour un effet de la peur des matelots, redoublèrent leurs provocations, tout en se tenant soigneusement abrités derrière leurs arbres. Il fallut descendre à terre. On se développa en demi-cercle pour envelopper l'île de tous côtés, et il se serait fait là d'épouvantables représailles, car aucun n'essayait même de se défendre : mais les uns à la nage, les autres dans les canots, tout avait fui ou fuyait sur la grande terre de Calédonie, au risque d'être dévorés par quelque peuplade ennemie, s'ils ne réussissaient pas à rejoindre une tribu alliée : car, entre eux, c'est la seule alternative possible. Dès qu'ils touchent à une terre étrangère à leur tribu, ou bien ils s'y trouvent comme auxiliaires et amis, suivant des usages établis de temps immémorial, ou ils tombent chez une tribu ennemie qui les tue et les mange en détail. Nos matelots leur ont tué une vingtaine de personnes seulement; mais cette île et trois autres alliées, qui avaient pris part au festin de mort, ont été ravagées; on y a coupé cinq à six mille pieds de cocotiers et détruit toutes les plantations; les cases et les pirogues ont été brûlées. C'est, du reste, le plus grand châtiment que l'on puisse tirer de ces tribus; de plusieurs années elles ne pourront habiter ces îles, où elles ne trouveraient plus aucune ressource pour vivre. J'avais oublié de vous dire que les habitants de Balade, hommes, femmes et enfants, étaient accourus en masse pour aider nos matelots, et s'en sont retournés ensuite chargés de tout le butin qu'ils ont pu emporter. Des lambeaux de vêtements, des restes de chevelure, des ossements épars qui furent retrouvés, ne laissèrent aucun doute que les pauvres victimes n'eussent été dévorées après le massacre, comme quelques naturels l'avaient assuré d'abord. Les recherches qui ont fait découvrir ces tristes pièces de conviction ont eu un autre résultat plus consolant : du fond d'un bois, nos matelots virent tout à coup accourir à eux les trois infortunés camarades qui s'étaient enfuis à la nage. L'un d'eux avait le poing cassé et le nez traversé d'un coup de lance ; les autres montraient des blessures sur tout le corps. Cependant ils n'avaient point été maltraités depuis leur fuite ; au contraire, on leur avait déjà peint le visage, relevé et attaché les cheveux suivant la mode la plus coquette du pays. Après avoir recueilli ce qu'on a pu d'ossements, on en a fait deux caisses qu'on a ensuite chargées de pierres pour les couler au fond de la mer.

« Vous dirai-je l'impression que m'a dû causer cet épouvantable récit, à moi qui, pendant plus de cinq semaines, avais vécu avec ceux dont le frère nous citait tous les noms? Le chef de timonerie était un père de famille, homme d'environ quarante ans, paisible et rangé comme le sont bien rarement les marins. Le second officier, M. de Saint-Phal, était un jeune homme de vingt ans à peine, modeste et doux comme une jeune fille. Le premier, M. de Varennes, le plus beau et le plus grand jeune homme du bord, avait autant de noblesse dans le port et dans les traits que dans le caractère. Pauvres jeunes gens! Pauvres familles! Sur la carte de Calédonie dressée par les officiers de *l'Alcmène*, ils ont marqué d'une croix le lieu où furent massacrés leurs compagnons, et un passage qu'ils ont découvert entre les terres y est appelé *détroit de Varennes*.

« Vous jugez bien que la scène de barbarie que je viens de vous raconter n'est pas un fait rare chez ces anthropophages. Dans une excursion avec sa troupe, le commandant d'Harcourt aperçut le squelette d'un jeune homme de quinze à dix-huit ans attaché tout droit contre un arbre, auprès d'une cabane; et comme il voulut savoir ce que cela signifiait, les naturels lui répondirent que la case était celle d'un chef, et le squelette, celui d'un jeune homme du pays ; le chef l'avait attaché à cet arbre tout vivant, et l'avait laissé pourrir et sécher dans cette position, parce qu'il lui avait volé quelques cannes à sucre. »

Comme compensation à cet affreux malheur, le commandant de *l'Alcmène* voulut du moins que le sang versé par nos compatriotes fût utile à la France. Ce n'était pas par d'inutiles représailles que cette satisfaction pouvait lui être donnée, mais par un acte énergique digne d'une grande nation. Les rapports officiels de M. d'Harcourt ont été pour beaucoup dans la décision qu'a prise le gouvernement français d'occuper la Nouvelle-Calédonie.

L'expédition de *l'Alcmène* n'a pas moins profité à la navigation dans ces dangereux parages. Autrefois les navires venant de Sydney étaient obligés de faire le tour de l'île, en doublant la pointe sud-ouest, pour arriver à Balade, et d'accomplir ainsi un périlleux trajet de circomnavigation autour des récifs dont la côte est bordée. Grâce aux relevés hydrographiques opérés par les officiers de *l'Alcmène*, les navires partant de Sydney peuvent maintenant arriver directement à la pointe nord-est de l'île où se trouve Balade, en passant par le détroit de Varennes. Ajoutons enfin que cette navigation, autrefois si périlleuse pour les vaisseaux à voiles, n'offre guère aujourd'hui de dangers pour les navires à vapeur, qui manœuvrent plus aisément et se dirigent avec une précision parfaite au milieu des écueils, embouchent les passes les plus étroites, et peuvent naviguer en toute sûreté le long de la côte, d'un établissement à l'autre, dans cette mer intérieure et paisible qui s'étend sur une largeur de quelques lieues entre la plage et la barrière de récifs qui défend les abords de la Nouvelle-Calédonie.

Mort de Mgr d'Amata (1853).

La persévérance et le dévouement de Mgr d'Amata devaient enfin triompher de tant d'épreuves.

Le système que les missionnaires avaient adopté, de transporter dans les archipels voisins, disciplinés sous leur tutelle, les prosélytes calédoniens déjà convertis à l'Évangile, finit par porter ses fruits. La petite colonie chrétienne de Futuna devint une pépinière de catéchistes volontaires et fournit plus tard aux missionnaires de la Nouvelle-Calédonie une petite armée fidèle et croyante qui les aida à s'établir dans le pays d'une manière définitive. Ces sauvages catéchumènes, émerveillés de la fertilité de l'île chrétienne et de la cordialité de ses habitants, en firent, à leur retour, de merveilleux récits à leurs compatriotes, et préparèrent la voie aux tentatives, plus heureuses cette fois, des infatigables missionnaires. « J'ai avec moi, écrivait le P. Rougeyron, quatre jeunes Calédoniens bien armés du bouclier de la foi et du casque de l'espérance. Peut-être sont-ils destinés à devenir les apôtres de leur pays. »

Son vœu fut exaucé. Le retour de la petite colonie de Futuna exerça une immense influence sur l'esprit des tribus avec lesquelles elle se trouva en contact. Si sauvages que fussent les Calédoniens, ils eurent assez d'intelligence, les chefs surtout, pour comparer les avantages de la paix et les bienfaits de la civilisation à l'état de guerre et d'inquiétude où ils vivaient et aux privations qu'enfante nécessairement la barbarie oisive. Les dernières nouvelles reçues de la mission annoncent que dans le cours de l'année 1852 les mœurs s'étaient singulièrement modifiées dans les cantons voisins de Balade. On cultivait la terre, on vivait en paix ; les habitations se construisaient mieux et s'appropriaient davantage aux besoins de la famille ; bref, le pays changeait de face, comme il arrive dans toutes les îles où les missionnaires parviennent à faire écouter leur parole et imiter leurs exemples.

Mais au moment où l'apôtre de la Nouvelle-Calédonie allait recueillir les fruits terrestres de la moisson qu'il avait depuis dix ans si laborieusement ensemencée, la mort est venue le frapper au milieu de ses travaux apostoliques. Mgr d'Amata est mort sur le champ de bataille du missionnaire, martyr du dévouement et de la charité. Nous empruntons à une lettre récente du P. Montrozier le récit de ce triste événement, qui clôt d'une manière si lamentable l'histoire de la mission catholique de la Nouvelle-Calédonie.

Extrait d'une lettre du P. Montrozier, missionnaire apostolique de la société de Marie, au T. R. P. Colin, supérieur général.

« Balade, le 1er mai 1853.

« Dieu nous maintient toujours dans le chemin du Calvaire. Voici encore une nouvelle croix qu'il nous a envoyée, et celle-ci a porté dans nos âmes une douleur plus grande que les précédentes épreuves. Nous sommes orphelins ! Mgr d'Amata est allé recevoir au ciel la récompense de son zèle, de sa charité et de son humilité profonde. C'est le 27 avril 1853 que la mission de la Nouvelle-Calédonie a perdu son évêque, après une courte mais bien cruelle maladie.

« Depuis près d'un mois, il y avait à Poëbo une épidémie qui enlevait beaucoup de monde. La crainte de prendre le germe de la maladie n'empêcha point Mgr d'Amata de se rendre dans cette tribu, où il administra solennellement, la veille de Pâques, le baptême à un grand nombre de catéchumènes. Depuis lors il ressentit un malaise qui lui permit toutefois de vaquer à ses occupations journalières. Une autre affaire l'ayant encore appelé à Poëbo, il y retourna; nous ne soupçonnions pas le malheur qui nous menaçait. Alors les premiers symptômes de la maladie se manifestèrent; Monseigneur n'y fit aucune attention ; bientôt survinrent des frissons, et il ne les combattit qu'en allant bêcher au jardin. Ce ne fut que le samedi 23 avril qu'il nous déclara qu'il était malade, qu'il se sentait la mâchoire paralysée ; il avait encore voulu confesser ce jour-là comme à l'ordinaire.

« Dès lors le mal fit des progrès rapides et ne laissa au malade ni trêve ni repos jusqu'au moment fatal. Le mercredi 27 avril, vers trois heures et demie du matin, Mgr d'Amata, debout dans les bras du P. Rougeyron, rendit son âme à Dieu. Après avoir revêtu le corps de notre évêque de ses habits pontificaux, nous l'exposâmes dans notre petite église, où nous avons récité l'office des morts et offert le saint sacrifice pour le repos de son âme. Nous lui avons fait les obsèques les plus solennelles que nous ayons pu. Mgr d'Amata a été pleuré de la population tout entière ; ceux-là même qui n'avaient pas encore accepté les enseignements religieux versaient des larmes amères au souvenir de ce dévouement inépuisable et de cette sollicitude sans cesse éveillée. Mais le héros chrétien avait accompli son œuvre, et il a pu dire en paix à l'heure suprême : *Nunc dimitte servum tuum, Domine !* »

Mgr d'Amata pouvait mourir. Sa tâche était accomplie, et il avait eu la consolation de voir enfin la Nouvelle-Calédonie conquise au christianisme. Le terrain de la barbarie était défriché par nos infatigables missionnaires. Les germes de sociabilité et de charité chrétienne commençaient à éclore dans ces cœurs farouches. Une fois l'Évangile accepté, la loi humaine pouvait s'établir à son tour. Cinq mois s'étaient à peine écoulés depuis la mort du saint prélat, que la France prenait officiellement possession de cette contrée, mûre désormais pour la civilisation. Vienne maintenant un système de colonisation efficace et conforme aux intérêts de ses habitants, et la Nouvelle-Calédonie sera appelée à devenir, par son étendue et par sa position, la plus importante des colonies françaises dans l'Océanie.

CHAPITRE II.

MISSIONS PROTESTANTES.

Caractère particulier des missions protestantes.

Le premier souci de Mgr d'Amata, en abordant à Balade, avait été de s'informer si les catéchistes protestants et les agents des sociétés bibliques ne l'avaient pas précédé, mais nulle part on ne trouva de trace de leurs prédications. Les missions protestantes, en effet, si prospères dans la plupart des groupes d'îles de la Polynésie, n'ont pu former dans l'archipel calédonien aucun établissement durable.

Cependant, de 1840 à 1845, une véritable croisade évangélique fut entreprise par les missionnaires protestants, embrassant dans son ensemble les points principaux de l'archipel calédonien. La société des missions wesleyennes d'Angleterre, une des plus actives et des mieux organisées, avait fondé dans les mers du Sud trois importantes missions : celle de la Nouvelle-Zélande, celle des îles

Tonga ou des Amis, et celle des îles Fidji. De ces diverses stations les ministres évangéliques devaient se répandre dans les divers groupes d'îles de la Polynésie occidentale, notamment dans le groupe des Nouvelles-Hébrides. Le révérend Williams, le promoteur le plus ardent de ces expéditions, avait formé le projet d'établir des prédicateurs de station en station, depuis les îles Fidji jusqu'à la Nouvelle-Zélande, en embrassant dans ce parcours l'archipel de la Nouvelle-Calédonie.

Dans son intéressant ouvrage sur les *Entreprises des missionnaires dans les îles de la mer du Sud*, Williams, parlant de la race noire de la Mélanésie, si féroce et si dégradée, disait : « C'est sur ce peuple que se portera toute mon attention, et j'ose espérer que mes compatriotes chrétiens, encouragés par les fruits de leur zèle en faveur des autres races, s'intéresseront encore plus à la conversion de celle-ci, et qu'ils ne ralentiront leurs efforts que lorsque toutes les îles dont l'immense océan Pacifique est parsemé auront reçu les bénédictions de l'Évangile du salut. »

C'est à l'accomplissement de ce vœu que le missionnaire fit le sacrifice de sa vie. Il touchait à peine le but, objet de ses nobles espérances, qu'il tomba victime de son courageux dévouement : il reçut la mort dans une tentative sur l'île *Erromanga*, une des Nouvelles-Hébrides. D'autres évangélistes furent massacrés dans l'île des Pins. En un mot, l'archipel calédonien ne fut pas moins fatal aux missionnaires wesleyens qu'aux prêtres de la congrégation des maristes.

L'antagonisme regrettable qui, surtout à partir de 1845, s'éleva entre les deux religions rivales, ne fut pas moins préjudiciable au succès de leurs communes entreprises. En donnant aux sauvages idolâtres le spectacle de ces fâcheuses dissidences, on enlevait une partie de son prestige à cette religion chrétienne qui puise sa force dans l'union de ses membres comme dans l'unité de sa doctrine. Nous n'entrerons pas dans le détail de ces déplorables rivalités, ni dans l'appréciation de faits qui n'ont eu que trop de retentissement. Catholiques et Français, nous devons désirer que le christianisme s'implante dans l'Océanie de la manière la plus conforme à nos croyances religieuses et la plus profitable à notre influence nationale. Toutefois nous ne saurions passer sous silence les services rendus par les missionnaires évangéliques au point de vue de l'humanité et de la civilisation. Quels que soient les dissentiments religieux et les luttes de suprématie ou d'obédience, on ne saurait nier que les missions protestantes n'aient été d'une immense utilité chez les peuplades sauvages. En général, elles sont mieux accueillies que les missions catholiques, et cela se comprend. Plus préoccupées d'assurer le bien-être des indigènes et de moraliser leurs actes que d'initier leur intelligence à des vérités surnaturelles, plus pratiques, en un mot, que dogmatiques, elles se contentent de coloniser quand elles ne peuvent convertir ; elles ne dédaignent même pas le commerce et les échanges comme moyens d'influence ; mais elles ne désertent pas pour cela les voies de l'Évangile ; elles tendent, au contraire, à adoucir les mœurs, à éclairer les consciences, à faire prévaloir dans les actes de la vie les grands principes de la morale chrétienne.

Nous ne nous étendrons pas aussi longuement sur les annales des diverses sociétés protestantes que sur celles des missions catholiques. En effet, les travaux des ministres wesleyens n'ont trait qu'indirectement à la Nouvelle-Calédonie. Il semble qu'il y ait eu une convention tacite entre les deux communions rivales pour se partager les îles de la Polynésie occidentale. Les catholiques dominent presque sans partage dans le groupe calédonien ; les protestants occupent les archipels voisins, et principalement ceux des îles Fidji et des Nouvelles-Hébrides. Nous allons cependant présenter un tableau aussi complet que possible de l'état actuel des missions wesleyennes dans la circonscription évangélique à laquelle les chefs de la Société ont donné le nom de *New-Caledonian*, laquelle ne forme qu'une très-petite partie de leurs établissements. Ce compte rendu, extrait du *Missionary Magazine and Chronicle* (août 1853), permettra au lecteur de juger et de comparer entre eux les moyens employés et les résultats obtenus par deux religions qui, rivales dans leur principe, sont animées dans leurs actes d'une active émulation :

Voyage du navire *John William*. — Un temple chrétien élevé dans le désert.

Les missionnaires Murray et Sunderland, après avoir quitté *Fate*, se rendent à *Lifu* et là trouvent un changement considérable survenu dans les habitudes des indigènes, changement dont ils avaient du reste déjà eu connaissance à Annatom et à Fate. Voici le récit de ces missionnaires :

« La distance entre Fate et Lifu n'est guère que de deux cents milles ; mais les mauvais temps et les vents contraires allongent notre traversée, et, arrivés en vue de Lifu, nous sommes encore obligés de longer presque toute l'île avant d'atteindre le point où les prédicateurs se sont établis. Nous y arrivons enfin, et nous trouvons un mouillage à environ cinq milles sous le vent.

« La vue d'une grande et belle chapelle et d'une maison d'habitation réjouit notre âme et nous confirme la vérité du changement qui s'est opéré à Lifu. Avant que nous ayons jeté l'ancre, un étranger vient à bord avec un des prédicateurs, et tous deux nous apportent aussi de bonnes nouvelles ; mais ce n'est qu'après avoir débarqué que nous pûmes nous faire une idée exacte de la réalité. Rappelons-nous ce qu'étaient, il y a quelques années, Lifu et le reste du groupe auquel cette île appartient. Lifu et Maré, l'île voisine, ont été pour nos missionnaires un des champs les plus infructueux dans toute la Polynésie occidentale ; nous en exceptons toutefois Erromanga. A notre dernier voyage même nous trouvâmes Lifu abandonnée par les prédicateurs, à cause des guerres qui ravageaient alors la partie de l'île où ils s'étaient établis. Tous ceux qui connaissent les travaux faits par nous dans la Polynésie occidentale savent ce qu'a été Maré ; dans cette île il se commettait plus de massacres que dans aucune autre de tout le groupe polynésien. Eh bien ! ce sont ces mêmes îles qui, aujourd'hui, témoignent que l'Évangile va bientôt remporter un éclatant triomphe.

« Le navire avait été vu du rivage, et les indigènes, pensant que c'était *le Vaa-Lotu* (le navire chrétien), s'étaient assemblés en grand nombre vis-à-vis de l'endroit où nous avions jeté l'ancre. Nous nous hâtâmes de débarquer, et les habitants nous firent l'accueil le plus cordial. Nous fûmes très-surpris, et en même temps charmés de rencontrer, au lieu de sauvages nus, féroces, malintentionnés, des gens tous plus ou moins habillés, sans armes, et désireux de nous exprimer la satisfaction qu'ils éprouvaient à nous voir.

« La chapelle et la maison du prédicateur étaient distantes de cinq milles; le chemin qui y conduit suit la plage, et nous marchions dans un sable mouvant, ce qui nous fatigua beaucoup; mais aussi, que nous fûmes richement récompensés en arrivant au terme de notre voyage! Le premier objet qui frappa notre vue fut la chapelle : c'est un édifice solidement bâti en pierre, de cent pieds de longueur sur quarante de largeur; il s'y trouve une chaire et un lutrin. La chapelle est munie de croisées et de portes à la vénitienne, d'un travail passable, et en ce moment on la garnit de bancs. Les murs ont de neuf à dix pieds de hauteur, et environ trois pieds d'épaisseur. L'édifice, considéré dans son ensemble, est vraiment une œuvre remarquable, si l'on a égard aux circonstances dans lesquelles il a été bâti. En effet, il n'y a dans l'île que deux prédicateurs, Tui, natif de Samoë, et Pavo, originaire d'Aïtutakia, de sorte que la plus grande partie de l'ouvrage a dû naturellement être faite par les indigènes. La chapelle a été terminée en quatre mois.

« La maison du pasteur est de grandeur moyenne, revêtue de plâtre sur les murs; elle est fort jolie, commode, et fait honneur au prédicateur et aux indigènes qui l'ont aidé à la bâtir. La maison est entourée d'une haie fermée au moyen d'une barrière, et, sur le devant, il y a une belle allée sablée ; aussi la maisonnette a un aspect tout à fait civilisé, qui ferait douter que là, récemment encore, étaient un désert et la solitude.

Le christianisme substitué au paganisme.

« Il n'y a que deux ans environ que les missionnaires sont retournés dans l'île. L'état des choses, dans les premiers temps de leur retour, fut assez incertain ; aussi le grand changement survenu depuis ne date guère que de dix-huit ou vingt mois, et la rapidité avec laquelle il s'est opéré est réellement merveilleuse, quand on considère la faiblesse et l'insuffisance des moyens qui en ont été l'origine. Lifu a bien, en effet, cent milles de circonférence ; et, ainsi que nous l'avons dit plus haut, il ne s'y trouve en tout que deux prédicateurs. L'île entière a abandonné le paganisme et a embrassé la doctrine du Christ. Les indigènes désirent ardemment qu'on leur envoie des missionnaires et des pasteurs pour les instruire. Ils attendent littéralement « sa loi.... » Partout où on les a instruits dans cette loi, et où l'Évangile leur a été prêché, ils montrent une bonne volonté du meilleur augure pour l'avenir. Il n'y a pas eu de guerre dans l'île depuis que les indigènes professent le christianisme. L'anthropophagie, autrefois dominante, a entièrement disparu. La polygamie, la pratique la plus difficile à extirper, surtout chez un peuple où les femmes sont les servantes et les esclaves du mari, où c'est à elles qu'incombent les travaux les plus pénibles, commence à disparaître. Il y a actuellement soixante-dix candidats au baptême; ils ont abandonné toutes les pratiques païennes. Il y a, en outre, trois cents membres à la conférence du vendredi, et parmi eux un grand nombre de femmes et d'hommes non mariés; aussi peut-on espérer que la polygamie disparaîtra bientôt entièrement. Les prédicateurs nous apprennent que tous les dimanches la chapelle est remplie de fidèles, de sorte que le nombre des membres de la congrégation peut être porté à huit cents.

« Les habitants de Lifu se plaignent du peu de moyens qu'ils ont à leur disposition pour apprendre à lire; et, en effet, ces moyens sont fort restreints. On n'a imprimé jusqu'à présent qu'un petit syllabaire et quelques extraits de l'Écriture sainte. Il y a des indigènes qui ont pu lire tous les livres qu'on leur a présentés, et le nombre de ceux qui apprennent à lire est très-grand. Ils ont un vif désir d'avoir des livres, et il n'est rien qu'ils ne soient disposés à faire ou à céder pour en obtenir. Les missionnaires devront se mettre à la tête de ce puissant mouvement, et, en le dirigeant convenablement, le faire aboutir à ses fins légitimes. Nous dirons même qu'actuellement le mouvement a dépassé l'attente de ceux qui l'ont produit, et, à moins que des missionnaires n'arrivent promptement, il est à craindre qu'une réaction ne se manifeste. Les prédicateurs sont, en effet, obligés de se faire aider par ceux des indigènes qui donnent le plus d'espérances. Ceux-ci n'étant pas suffisamment préparés pour cette mission, on conçoit tous les inconvénients qui en doivent résulter, et cependant il est impossible de faire autrement.

« Jusqu'à présent les prédicateurs ont vécu ensemble; ils ont fait beaucoup d'excursions dans l'intérieur de l'île et ils en ont fait tout le tour. Maintenant ils vont se séparer pour se conformer aux vœux des indigènes et donner à leur œuvre plus d'étendue.

« Nous n'hésitons pas à le dire, de toutes les îles du groupe polynésien que nos prédicateurs ont visitées, Lifu est le champ le plus fertile pour la parole de l'Évangile. L'esprit actuel de la population, la salubrité du climat, la grandeur de l'île, et d'autres considérations que nous nous abstenons de mentionner, la signalent au premier chef à l'attention de nos missionnaires. Peut-être, cependant, faut-il faire une exception pour Maré.

« De Lifu, nous nous dirigeâmes vers Suaeko, où il y a un bon mouillage. C'est en cet endroit que les premiers missionnaires ont débarqué. Nous fûmes bientôt assez près pour pouvoir communiquer avec les prédicateurs, et dans la nuit nous jetâmes l'ancre. C'était un samedi soir, de sorte que nous eûmes l'insigne bonheur de passer un dimanche dans cet intéressant établissement.

Célébration du dimanche à Maré.

« Nous avions jeté l'ancre presque en face de l'établissement des missionnaires. De la place où nous étions mouillés, nous voyions la chapelle et la maison du prédicateur, objets profondément intéressants pour nous sur ces rivages récemment encore si inhospitaliers et où régnait l'esprit des ténèbres. Nous vîmes une foule d'indigènes qui se dirigeaient vers la chapelle pour assister à la sainte cérémonie du dimanche. Lorsque l'heure de l'office fut arrivée, nous descendîmes à terre. Nous prîmes pied à la place même où, onze ans auparavant, les premiers missionnaires, Fataio et Faniela, avaient débarqué. Quel changement depuis! Une grande foule, peut-être six ou sept cents personnes, hommes, femmes, enfants, étaient assemblés sur le rivage; ils étaient assis en cercle, et tous étaient plus ou moins habillés. Ils présentaient un aspect réellement bien agréable et bien attachant, surtout pour ceux d'entre nous qui les avaient vus, il y a peu de temps encore, dans des circonstances si différentes.

« Aucun d'eux ne bougea avant que l'heure d'aller à l'office leur eût été indiquée : la scène à la chapelle était on ne peut plus animée et touchante au plus haut degré. Cette chapelle a soixante-douze pieds de long sur vingt-quatre de large; elle était comble. Un des prédicateurs officia et dit les prières, et l'un d'entre nous fit un court sermon d'après saint Luc (XIX, 109), l'autre prédicateur servant d'interprète. Les habitants suivirent le sermon avec beaucoup d'intérêt. On chanta, dans la langue du pays, des hymnes composées par les missionnaires : ces hymnes sont encore manuscrites. Le service fut terminé par la lecture de quelques extraits de l'Écriture sainte. Ces extraits ont été préparés par M. Pitman, aidé de Fauga, qui a vécu plusieurs années dans ces îles, et ils ont été imprimés à Rarotonga.

« Entre le service du matin et celui de l'après-midi, il se fait une école du dimanche, à laquelle assistent environ deux cents personnes. En ce moment on n'y peut guère enseigner qu'à lire. Les indigènes s'y appliquent avec beaucoup de zèle. Il y a déjà trente-un bons lecteurs à Suaeko. Le vendredi, il se fait une conférence qui comprend plus de deux cents membres ; il y a cinquante-un candidats au baptême et pour la confrérie de l'église.

« Le service de l'après-midi fut semblable à celui du matin. L'assemblée fut seulement moins nombreuse, parce que beaucoup d'habitants, qui étaient venus de fort loin pour assister à l'office du matin, étaient retournés chez eux.

« Le soir nous retournâmes à bord, étonnés et charmés de tout ce que nous avions vu et entendu. Le changement qui s'est opéré chez ce peuple est remarquable. En vérité, c'est l'œuvre du Seigneur, et c'est merveilleux à voir.

« L'état des choses à Kuama, l'établissement principal, est semblable à ce qui a lieu à Suaeko. Une chapelle a été bâtie ; elle a cent vingt pieds de longueur sur cinquante de largeur, et les pasteurs nous disent qu'elle est toujours pleine de fidèles le dimanche. Il y a cinquante bons lecteurs à Kuama, et le reste des habitants, jusqu'aux vieillards, apprennent à lire. Un grand nombre d'indigènes des deux établissements ont renoncé à la polygamie et autres œuvres des ténèbres.

« Le dimanche est fidèlement observé dans les districts chrétiens. Il est rare de voir un individu, à Kuama, qui ne porte pas au moins quelque pièce de vêtement. Ainsi les esprits et l'aspect extérieur des choses ont subi un changement remarquable.

Impuissance des armes charnelles contre la parole de Dieu.

« Nous avons essayé de tracer aussi exactement que possible l'origine et les progrès de ce mouvement. L'île de Maré est partagée en quatre divisions politiques. Deux de celles-ci, Suaeko et Kuama, sont maintenant réunies sous un même chef et forment la partie chrétienne de l'île. Les deux autres districts sont encore généralement adonnés au paganisme. Puama, le principal chef de ces districts, est un zélé païen. Cependant, dans cette partie de l'île, il y a aussi quelques chrétiens, et même des villages entiers y ont embrassé le *lotu;* des habitants de la partie chrétienne y vont régulièrement tous les dimanches, disent l'office divin et sermonnent leurs compatriotes aussi bien qu'ils peuvent. Seine, le vieux chef de la partie aujourd'hui chrétienne, accueillit bien les premiers prédicateurs, et les protégea, ainsi que leurs successeurs, jusqu'à la fin de sa vie. Seine cependant n'aimait plus le christianisme. Il assemblait souvent le peuple, le haranguait et l'engageait à imiter son exemple, c'est-à-dire à rester fidèle au paganisme et à ne pas adorer le Dieu des étrangers ; et probablement il eût employé d'autres moyens que la parole pour retenir ses sujets dans le culte de ses dieux, si un nombre considérable d'entre eux avait essayé de professer le *lotu*. Il est néanmoins certain que le christianisme avait déjà fait quelques progrès avant sa mort, quoiqu'il n'y parût guère. Seine mourut au mois de décembre 1848. Après sa mort, ses trois fils, Naisili-Suaeko, Naisili-Notokurupo et Putango, se partagèrent son autorité ; ils embrassèrent le christianisme et exhortèrent leurs sujets à suivre leur exemple. « Maintenant, » disaient-ils, « que notre père est mort, lui qui nous « détournait de la bonne voie, abandonnons tous « nos vieux usages et ne suivons plus que la parole « de Dieu. » Ils commencèrent par se séparer de leurs nombreuses femmes, et, renonçant à toutes les pratiques païennes, ils se firent baptiser, observèrent le dimanche et apprirent à lire. Leur exemple eut de nombreux imitateurs, tant dans leurs propres États que dans ceux qui y furent réunis plus tard.

« Quelque temps après cette conversion, un événement remarquable se produisit dans l'île. Le parti païen s'assembla sur les frontières des deux districts, et envoya un cartel aux habitants pour les forcer à livrer bataille. Naisili-Suaeko (il s'est fait appeler Suaeko parce que sa mère était née dans le district de Suaeko) et Maka, l'un des prédicateurs, allèrent à la rencontre des assaillants, non avec des armes charnelles, mais avec des armes spirituelles, qui doivent toute leur force à Dieu.

Chacun d'eux assaillit le parti des guerriers avec ces armes. Naisili leur dit dans son discours qu'il ne les craignait pas, mais qu'il craignait Dieu, qu'il ne cherchait que la parole de Dieu, et que c'était pour cela qu'il ne combattait pas. Le prédicateur dénonça la guerre comme une pratique impie et païenne, et exhorta les combattants à écouter la parole du Seigneur. Le parti ennemi fut tellement surpris de ce mode de combattre, qu'il s'en retourna tranquillement chez lui, et depuis lors il n'y a plus eu de guerre à Maré. Les païens ont bien quelquefois essayé de provoquer l'autre parti en l'accusant de lâcheté; mais les chrétiens ont persévéré dans la bonne voie, et tout a été ainsi terminé.

« Peu de temps après cet événement, on se mit à bâtir une chapelle à Kuama, et c'est dans un mois de temps que la chapelle ci-dessus mentionnée a été construite. Les habitants se portèrent à cette construction avec un zèle admirable ; hommes et femmes, vieillards et jeunes gens, tous y ont travaillé. La chapelle est garnie de bancs et a une assez belle chaire et un lutrin. Comme l'édifice est construit en bois, il n'est peut être pas très-solide. C'est le premier temple élevé pour le service du vrai Dieu dans le groupe de la Nouvelle-Calédonie.

Comparaison entre le passé et le présent.

« Les quelques lignes qui suivent sur notre séjour à Kuama termineront convenablement ce que nous avons à dire sur Maré. Nous quittâmes Suaeko le lundi soir, et le lendemain au matin nous étions en vue de Kuama. Le bruit de notre visite nous avait précédés, de sorte que le peuple nous attendait. Lorsque nous arrivâmes, nous trouvâmes les indigènes assis en cercle sur le rivage, comme à Suaeko. Ici encore, tous étaient habillés et il n'y paraissait plus rien de leur état sauvage. Personne ne se leva, excepté les chefs et quelques personnes importantes qui vinrent au-devant de nous pour nous complimenter sur notre arrivée. La vue de ces milliers d'hommes, autrefois si féroces, cruels et perfides, et aujourd'hui si complétement changés, réjouissait notre âme au delà de toute expression. Quelle différence lorsque nous abordâmes ici il y a quelques années! Alors une foule tumultueuse et farouche se pressait autour de nous, et nous avions toutes les peines du monde à nous frayer un passage au milieu d'elle. Aujourd'hui tout ce qui nous entoure est en harmonie avec le changement survenu chez les habitants. Nous allâmes d'abord voir la maison du prédicateur, maison qui est fort jolie et blanchie à la chaux. Outre cette maisonnette et celle de l'autre pasteur, il y en a huit ou neuf autres dans le voisinage, toutes enduites de plâtre et appartenant aux chefs et aux principaux habitants. Ces maisons donnent au village un aspect fort intéressant. Quelque temps après notre débarquement, on donna le signal de s'assembler à la chapelle, et elle ne tarda pas à être remplie : il y avait bien un millier d'indigènes. On commença par prier et chanter dans la langue du pays; puis nous et M. de Geddie, nous fîmes chacun une petite exhortation que traduisirent les prédicateurs. Les exercices furent terminés par des prières.

Témoignage de reconnaissance.

« Après la cérémonie, nous fûmes témoins d'une scène très-émouvante. Tout le peuple s'avançait vers nous avec des présents. Hommes, femmes, enfants, chacun apporta des *yams* ou des cannes à sucre. Tous se suivaient avec ordre, et, à mesure qu'ils passaient devant nous, ils posaient leur cadeau à terre et venaient donner la main à chacun de nous. Lorsque tous furent passés, un des chefs, prenant la parole, nous dit que les habitants nous faisaient ce cadeau pour nous témoigner leur affection et la satisfaction qu'ils éprouvaient de nous voir. Nous répondîmes, et tout se passa de la manière la plus agréable. Outre tout ce qui nous avait été donné, nous fîmes encore quelques provisions, surtout en matières déjà cuites. Ces pauvres gens cherchaient tous les moyens en leur pouvoir pour nous remercier de notre visite, et nous montrer leur reconnaissance pour ce que les prédicateurs avaient fait dans leur intérêt.

« Nous retournâmes à bord pleins de ce sentiment, que, s'il est un champ préparé par le Seigneur et prêt pour la moisson, c'est bien Maré.

Nine, ou l'île Sauvage.

« Après avoir quitté Maré nous touchons à Aneiteum, puis nous nous dirigeons vers Nine et nous mouillons à Mutalau, la seule partie de l'île où nos missionnaires se soient établis jusqu'à présent.

« Des indigènes venus d'autres parties de l'île nous avaient déjà appris que le prédicateur et sa famille étaient en bonne santé. Nous eûmes la satisfaction de recevoir la confirmation de ces nouvelles de la bouche même du prédicateur, lequel vint à bord.

« Lui et sa famille, quoiqu'ils aient eu à affronter beaucoup de dangers de la part des païens, ont été très-bien traités par ceux des indigènes qui avaient embrassé le christianisme. Ceux-ci les ont constamment défendus et leur ont fourni abondamment ce dont ils avaient besoin pour leur nourriture. Ils ont construit une maison d'habitation pour le pasteur; ils ont bâti une chapelle et ont suivi avec assez de zèle les instructions faites par le prédicateur.

« Après avoir débarqué à Mutalau des provisions pour le pasteur et les objets appartenant au chef Laumahina, nous partons pour Alofi, une autre partie de l'île, où, Dieu aidant, nous nous proposons de fonder un nouvel établissement.

« Laumahina et son fils Latoa, un jeune homme de beaucoup d'espérances, ont été à Samoa depuis notre dernier voyage. Tous deux ont appris à lire; ils sont parfaitement instruits dans la voie du salut et connaissent assez bien l'Écriture sainte. Le père restera dans son pays, où il rendra, nous n'en doutons pas, de grands services à notre cause; quant au fils, il s'en retourne à Samoa pour continuer son éducation dans l'établissement de Malua.

« Laumahina et Paulo, le prédicateur, nous ont accompagnés à Alofi pour nous aider dans l'installation des pasteurs que nous voulions y établir. Peniamenu, un indigène, qui, après avoir été plusieurs années à Samoa, avait été placé comme prédicateur à Mutalau, a agi assez inconséquemment et a quitté l'île. Cependant son exemple n'a pas été aussi pernicieux qu'on pourrait le croire; car, avant de partir, il eut soin de dire au peuple qu'il agissait mal et qu'on ne devait pas l'imiter.

Caractère des indigènes.

« Le 2 juillet, nous installâmes à Alofi deux prédicateurs, Mose et Kalepa, et cela dans des circonstances assez encourageantes, si l'on considère l'état de l'île. Le chef Fogia, sous la protection immédiate de qui ils sont placés, nous a donné les assurances les plus formelles qu'il les protégerait. Il nous dit « qu'il les placerait sur sa tête et sur la « paume de ses mains, » ce qui, chez les sauvages, est l'engagement le plus sacré. Il fut très-enchanté du petit cadeau que nous lui fîmes. Les indigènes sont très-farouches dans toute la partie païenne de l'île. C'est bien le peuple le plus violent et le plus ingouvernable que nous ayons jamais vu. Ils ont un besoin immodéré de s'approprier tout ce qui appartient aux étrangers (haches, hameçons, verroteries), et ils n'épargnent rien pour s'emparer de ces objets. Cela tient peut-être à ce qu'ils ont rarement occasion de voir des navires. Tout dans leur caractère sauvage est fait pour repousser ceux qui les visitent, et ils n'ont jusqu'à présent rien qui puisse servir pour l'échange : aussi les étrangers ne viennent que rarement à Nine. Cependant, malgré ces défauts, c'est un peuple intéressant; ils sont doués d'une grande énergie qui, dirigée convenablement, pourra donner de bons résultats.

Motifs d'encouragement pour poursuivre l'œuvre commencée.

« Dans le district chrétien, c'est-à-dire dans la partie de l'île qu'habite le prédicateur, une impression salutaire a été faite sur les esprits. Le district entier, embrassant une étendue d'environ cinq milles de côtes, a reçu le *lotu*. Les pratiques païennes ont été abandonnées, et on observe assez régulièrement les usages chrétiens.

« Les devoirs de la famille sont généralement tenus en honneur; beaucoup d'indigènes ont l'habitude de se retirer en des endroits solitaires pour dire leurs prières. Les conférences du dimanche comptent déjà plus de cent membres. La construction de la chapelle a dû être un travail considérable pour ce peuple si arriéré. Le nombre de ceux qui ont pris part à cette œuvre est très-minime comparativement à ceux qui ont fait le même travail à Lifu et à Maré. La chapelle a 42 pieds de long sur 30 de large, elle est clôturée de planches; il en est de même de la maison du prédicateur. Il a fallu préparer ces planches à la hache, on n'avait pas de scie, cela a coûté beaucoup de peine.

« La partie chrétienne ne se borne pas au district que nous venons de citer. Il y a un grand nombre d'habitants qui ont reçu le *lotu* dans diverses contrées de l'île. Ils se distinguent des païens en ce qu'ils portent quelques vêtements.

Craintes superstitieuses des païens.

« Les païens de l'île, et ils forment toujours la grande majorité, continuent d'accuser le prédicateur et la religion nouvelle d'occasionner les maladies et la mort, et plusieurs fois ils ont sérieusement essayé de tuer le pasteur. Quand une épidémie a ravagé l'île, ou qu'on a seulement craint quelque maladie contagieuse, ces sauvages se sont aussitôt livrés à toutes sortes de violences. Une fois ils vinrent avec l'intention de tuer le pasteur : l'occasion ne pouvait être mieux choisie. Tous les hommes valides étaient allés chercher du bois pour la construction de la chapelle, et le prédicateur n'avait autour de lui que des femmes et des enfants. Mais un œil invisible les voyait, et un bras invisible les défendait. Le parti païen se retira au bout de quelque temps sans leur faire aucune violence. La construction de la chapelle fut le sujet de nouvelles querelles ; les païens menaçaient de faire la guerre si les chrétiens ne cessaient de bâtir. Le prédicateur en référa à l'assemblée du peuple, qui déclara qu'on continuerait l'œuvre à tout hasard. L'autre parti ne se soucia pas de mettre ses menaces à exécution ; et enfin l'île sauvage eut un temple où l'on adorait le vrai Dieu.

Usages particuliers.

« Les habitants de l'île sauvage appartiennent évidemment à la grande famille malaise qui peuple toute la Polynésie orientale ; cependant leurs mœurs et leurs usages sont tout à fait différents. Le suicide est une chose fréquente chez ce peuple, et cela paraît tenir à un caractère fier et hautain. Des parties lésées dans leurs prétentions coupent souvent court à toute discussion et se tuent. Des jeunes gens désireux de se marier, et que leurs parents n'y veulent pas autoriser, se tuent souvent avec leur fiancée. Beaucoup d'individus affligés d'infirmités physiques qui les rendent ridicules emploient le même remède. Leur manière de se donner cette horrible mort est de se noyer. Ils montent sur un rocher très-élevé et se jettent de là dans la mer ; ou bien ils quittent tranquillement le rivage en nageant et se laissent entraîner au gré de l'Océan. Quel est l'esprit malade qui peut se supporter lui-même ? Il n'est qu'un seul remède pour ces esprits, et puisse-t-il bientôt étendre son influence sur ces peuplades si dégradées, et malgré cela intéressantes ! Les païens de l'île sauvage redoutent terriblement les maladies. Dès qu'ils ont un malade, ils le portent dans les buissons : on élève au-dessus de lui un abri temporaire ; ses parents le visitent et lui apportent de la nourriture, mais personne ne reste auprès de lui. Ils n'enterrent pas leurs morts, mais les déposent dans des grottes qui sont très-nombreuses dans l'île. Quelquefois, sur la demande du moribond, on le jette à la mer ; puis on laisse aller à la dérive le canot dans lequel on a transporté le mort ; personne ne voudrait s'en servir.

« Les enfants illégitimes sont mis à mort ; leurs parents auraient honte de les reconnaître. Le prédicateur à réussi à sauver une de ces petites créatures. Les habitants ne sont pas anthropophages. La polygamie est générale chez tous ceux qui sont païens : presque tous ceux qui ont embrassé le *lotu* y ont renoncé. Parmi ces derniers, il ne se commet plus de vols et de larcins : les païens au contraire y sont très-adonnés. Il y avait autrefois des guerres fréquentes, mais depuis les dernières années on n'a pas vu de conflit grave. Il est un fait digne d'être noté dans leur manière de faire la guerre : dans les combats, leur fureur se porte presque exclusivement sur les *instigateurs* de la guerre et sur les chefs. Il n'y a jamais de ces massacres généraux où l'on n'épargne ni l'âge ni le sexe. Les chefs ont très-peu d'influence. L'homme qui se rend le plus formidable par des exploits guerriers est généralement le plus considéré et le plus influent.

« Ils ont une idée très-vague d'une existence future. Ils n'ont pas d'idoles, mais ils ont des objets et des endroits sacrés, et, par l'intermédiaire de leurs prêtres, ils rendent une sorte d'hommage à Fagaba, la grande divinité de la Polynésie. Leurs prêtres n'offrent pas de sacrifices ; ils adressent des prières au dieu des dieux ; cela ne se fait pas régulièrement, mais seulement lorsqu'ils ont besoin de quelque chose, comme de la pluie par exemple. Ceux qui ont embrassé le *lotu* ont renoncé à toutes les superstitions païennes ; des champs jusqu'à présent considérés comme sacrés ont été ensemencés par eux, ou bien ils ont bâti dessus, selon leurs besoins.

Conclusion.

« En terminant notre rapport, nous croyons inutile d'insister sur les généralités ; les faits que nous avons présentés parlent assez d'eux-mêmes. Nous n'avons jamais relaté de faits aussi encourageants pour nos efforts dans la Polynésie occidentale. Jusqu'à présent des essais infructueux, des difficultés sans nombre, des déceptions, voilà ce qui avait caractérisé nos travaux dans ces contrées. Et il ne faut pas croire que toutes nos peines soient terminées : seulement aujourd'hui il existe des motifs d'encouragement tels que nous n'en avions jamais trouvé. Une profonde impression a été laissée dans tous les champs où nos pasteurs ont porté leur labeur. Dans quelques-uns, la voie est toute préparée pour nos missionnaires; dans d'autres, elle est plus que préparée, la moisson ne demande qu'à être coupée. Beaucoup de créatures immortelles ont été appelées à la connaissance de leur haute destinée. Elles ont abandonné toutes les décevantes pratiques du paganisme, et tournent leurs yeux vers ces précieuses vérités qu'il nous a été donné de leur faire connaître. De nouveaux horizons s'ouvrent pour elles, et elles ont des aspirations et des besoins qu'elles ne connaissaient pas autrefois. Les besoins grandissent chaque jour, et il est temps de les satisfaire d'une manière plus large qu'il n'a pu être fait jusqu'à présent. Qu'on nous envoie le plus tôt possible des missionnaires pour prêcher l'Évangile à ces peuples, pour leur faire connaître la parole de Dieu dans leur propre langue, pour leur donner des livres, etc., ou sans cela nous courons risque de perdre tout le fruit de nos labeurs passés, et de nous montrer ainsi indignes de la haute et sainte mission que nous a confiée le Christ. »

TROISIÈME PARTIE.

PRODUCTIONS NATURELLES DE LA NOUVELLE-CALÉDONIE. — MOEURS ET INSTITUTIONS. — COLONISATION.

CHAPITRE PREMIER.

PRODUCTIONS NATURELLES DE LA NOUVELLE-CALÉDONIE.

Faune calédonienne.

La Nouvelle-Calédonie n'est pas un de ces paradis terrestres qui fleurissent dans la région des tropiques, et auxquels l'imagination des voyageurs prête de nouveaux charmes. Les productions naturelles de cette contrée, loin de présenter la variété et la richesse des îles océaniennes situées sous la même zone, n'ont guère offert aux naturalistes que des espèces déjà connues pour la plupart, et en petit nombre. Le règne animal surtout est d'une grande pauvreté. La faune calédonienne se réduisait, lors de la découverte du pays, à une seule espèce de mammifères, le *vespertilio vampi-*

rus, de la famille des chauves-souris. Ces roussettes ou vampires ont plus de deux pieds d'envergure, et le soir on les rencontre partout : pendant le jour, elles se tiennent suspendues aux branches des arbres touffus. Forster déclare n'avoir rencontré dans ses excursions aucun quadrupède. Cook, dans une de ses visites au chef de Balade, lui fit présent de deux jeunes chiens, mâle, et femelle, espérant peupler ainsi le pays de ces utiles animaux domestiques ; mais, soit qu'ils n'aient pas reproduit leur espèce, soit que les naturels les aient détruits, on n'en retrouva pas de traces. Il en est de même des cochons dont il avait aussi fait présent à Tea-Booma[1]. Les seuls animaux dont les Européens, à leur insu sans doute, dotèrent le pays, furent les rats, qui y pullulèrent bientôt d'une manière effrayante. Il est vrai que, par une sorte de compensation, quelques chats, échappés des navires, restèrent dans l'île ; mais, au bout de quelques années de séjour dans les forêts, ils avaient déjà passé à l'état sauvage. Ce n'est que de nos jours, grâce au zèle persévérant des missionnaires, que l'on est parvenu à acclimater dans la

---

1. Les Calédoniens paraissent avoir une aversion très-prononcée pour les porcs. Cela tient sans doute à ce que cet animal, qui recherche les lieux humides et qui aime à fouiller la terre, détruisait les plantations de *taros*, qui sont la principale nourriture des habitants.

Nouvelle-Calédonie quelques espèces de bétail et d'animaux domestiques.

Les espèces d'oiseaux ne sont pas non plus très-nombreuses ni très-variées. Forster reconnut seulement quelques espèces de coqs, de pigeons et de canards, ainsi que des volailles apprivoisées d'une grosse espèce et d'un plumage très-brillant. L'ornithologie doit aux explorations plus complètes de La Billardière la description de plusieurs oiseaux charmants du genre *muscicapa*, et d'une nouvelle espèce de pie d'un beau noir-bleu très-satiné, qu'il a appelée pie de la Nouvelle-Calédonie, *corvus Caledonicus*. « Je ne sais, dit un voyageur qui a visité tout récemment ce pays, ce qu'un naturaliste pourrait y recueillir encore ; ce que je puis affirmer, c'est que les espèces d'oiseaux et même les individus de chaque espèce y sont en petit nombre. Peut-être faut-il s'en prendre aux oiseaux de proie (aigles, milans et tiercelets) qui vivent aux dépens des autres espèces. On a aussi observé que les pontes ne vont guère au delà de deux ou trois œufs. » Citons cependant plusieurs variétés de tourterelles, entre autres celle de couleur verte appelée à croupion doré, la poule sultane que l'on rencontre dans les palétuviers qui bordent le rivage de la mer, des sarcelles et des martins-pêcheurs au bord des rivières, quelques cailles dans les hautes herbes, des moineaux fort petits, dont la tête et la poitrine sont rouges, une assez grande quantité d'hirondelles qui diffèrent un peu de celles d'Europe, et quelques autres petites espèces, la plupart insectivores.

On trouve des lézards partout, mais l'espèce en est petite. On n'a vu ni tortues, ni grenouilles, ni crapauds, ni aucun reptile annulaire. Parmi les poissons qui furent pêchés sur les côtes, on a reconnu plusieurs espèces venimeuses, ce qui a failli occasionner des accidents. Forster parle entre autres d'un poisson d'une nouvelle espèce, ayant quelque ressemblance avec ceux qu'on nomme *soleils*. Sa tête était hideuse, grande et allongée. Il crut pouvoir le rapporter au genre *tétradon*, de Linné. Ayant goûté de ce poisson avec le capitaine Cook, tous deux éprouvèrent une défaillance extrême et des symptômes d'empoisonnement. La Billardière mentionne, de son côté, un poisson de de l'espèce dite *scorpæna digitata*, qui faillit aussi causer la mort d'un homme de l'équipage. Un des canotiers fut si vivement piqué à la main par un ces poissons venimeux, qu'il ressentit pendant quelques heures une douleur très-violente dans toute l'étendue du bras. Les missionnaires parlent enfin d'une espèce de serpent de mer dont la morsure est aussi très-venimeuse. Ils ont la queue aplatie comme une petite rame, et appartiennent à la famille des platures (*platurus fasciatus*). Ils ont reconnu aussi des espèces nombreuses et variées propres à la nourriture. Les mulets, entre autres, y abondent et y sont fort bons. Dans les petites rivières on trouve, mais en petit nombre, des anguilles et des écrevisses. Il y a une espèce qui ressemble beaucoup à la sardine et qui, comme elle, voyage en grandes bandes. Les récifs madréporiques qui entourent l'île sont couverts de coquillages bivalves et univalves dont les habitants se nourrissent : à peu d'exceptions près, ils paraissent les mêmes que ceux qu'on recueille dans les îles polynésiennes. Peut-être cependant y a-t-il parmi les coquilles terrestres et fluviatiles quelques espèces inconnues.

Le scorpion est connu dans l'île, mais il ne paraît pas qu'il y soit dangereux, non plus que certains genres d'arachnides. Ce qui causa le plus de surprise aux compagnons de La Billardière, ce fut de voir manger aux naturels de grosses araignées. On cite quelques Européens qui mangent des araignées, surtout celles des caves, auxquelles ils trouvent un goût de noisette. L'espèce dont mangent les Nouveaux-Calédoniens, et qu'ils appellent *nougui*, a été dessinée par La Billardière dans son atlas et désignée par lui sous le nom d'*aranea edulis*. Elle forme des fils assez forts pour que sa toile résiste à la main qui la déchire. Son corselet, grisâtre en dessus, est couvert de poils argentés, et noir en dessous. Elle a huit yeux entre lesquels on voit quatre taches de couleur brune. Les pattes, qui sont de couleur fauve et couvertes de poils d'un gris argenté, ont l'extrémité noirâtre. Cette description ne justifie pas trop l'épithète d'*edulis*, qui veut dire mangeable.

Pendant la saison des chaleurs, les moustiques et les maringouins pullulent et sont fort incommodes. Les papillons sont assez nombreux, mais presque sans variété. On trouve quelques espèces de coléoptères, mais en petit nombre, excepté le genre *coccinelle*, qui est fort commun et nuisible aux jeunes pousses des semences. Enfin on voit partout une petite fourmi dont l'abdomen est d'un jaune doré.

Flore calédonienne.

La flore de la Nouvelle-Calédonie est un peu plus variée. Elle comprend un assez grand nombre d'espèces communes à tous les archipels situés sous la zone équatoriale de l'océan Pacifique, et quelques-unes plus particulières à la Nouvelle-Hollande et à la Malaisie. L'île est en partie couverte d'épaisses forêts qui se prolongent jusqu'au sommet des montagnes. Les arbres, et en général tous les végétaux, sont assez nombreux, mais ils n'offrent pas tout l'extraordinaire que leur prêtent quelques voyageurs. Ils ne sont pas généralement bons pour servir aux constructions : excepté le bois de fer, tous les autres se piquent facilement des vers. Les plus précieux sont les arbres odoriférants, tels que le bois de sandal, qui est assez commun, mais qui menace de disparaître par suite d'une exploitation mal dirigée. D'autres arbres sont odorants par leur feuillage. Parmi ces derniers on peut placer en première ligne l'arbre de Ranph, connu dans les Indes orientales sous le nom de *Cayputi*, et que les naturels de la Nouvelle-Calédonie appellent *nhiaoulis* ou *gnaïli*. On le trouve partout, depuis le bord de la mer jusqu'aux sommités des montagnes. « Cet arbre, dit M. de Bowis, est répandu sur ces côtes avec une déplorable abondance. Il s'y plante de lui-même en quinconce, comme s'il avait horreur du contact de ses semblables. Son tronc tordu est dur et n'est pas même bon comme bois à brûler. Son feuillage amaigri ne donne pas d'ombrage, mais ses feuilles légèrement froissées répandent une odeur aromatique assez agréable[1]. » Une espèce de sapins, connue à la Nouvelle-Hollande sous le nom de *Norfolk*, se trouve aussi dans les montagnes et les forêts. Les indigènes se procurent quelques belles pièces de sapins et de *kaïri*. Ce dernier surtout est un très-beau bois, mais rare. Les sapins sont rarement

---

1. Extrait d'une lettre de M. de Bowis, officier de l'expédition de prise de possession de la Nouvelle-Calédonie. (Octobre 1853.

droits sur une grande hauteur, ce qui vient sans doute de ce que les arbres ne sont pas taillés. Forster a remarqué quelques arbres à pain dans les gorges des montagnes; mais ils ne donnent pas de fruits : les missionnaires assurent qu'il en est autrement dans la partie méridionale de l'île, et que ce fruit y est assez commun. On trouve aussi, dans les vallées et dans les forêts de l'île, l'oranger et une espèce de figuier à l'état sauvage, dont les fruits sont très-petits et ont la même saveur que nos figues d'Europe. Le bananier se rencontre partout, quoique peu cultivé; quelques naturels le plantent en allées devant leurs maisons; ils sont très-friands de son fruit, mais il est très-rare qu'ils le mangent à sa maturité; le régime encore vert est presque toujours volé. La canne à sucre se voit de tous côtés près des habitations, elle est aussi presque toujours mangée beaucoup trop tôt.

On trouve dans les montagnes et dans les bois une racine traçante comme la réglisse, l'*hypoxis*, dont les habitants se nourrissent, le *dolichos tuberosus*, dont ils font griller les pousses sur des charbons, le *marauba Indica*, racine tuberculeuse dont on extrait l'amidon appelé *arrow-root*, la scorsonère sauvage, la morelle, qui peut, comme en Amérique et dans l'Inde, servir à faire des brèdes, espèce de potage dont nos créoles de Bourbon sont surtout très-friands.

Mais les plantes qui sont l'objet d'une culture spéciale, celles qui servent le plus communément à la nourriture des habitants, sont l'igname et le *taro*. L'igname est assez connue pour qu'il soit inutile d'en faire la description. Le *taro* est une plante aquatique dont la feuille est large, d'un beau vert et semblable à celle du nénuphar; elle ne peut être cultivée que dans des endroits humides et marécageux. Le fruit est une racine de couleur violette qui a la forme d'un gros navet. Sa saveur, quand il est cuit, est plus douce que celle de l'igname; il est plus aqueux et plaît généralement davantage au goût; il est aussi fort nourrissant, et, contrairement à l'igname, il atteint la maturité convenable pour être mangé à toutes les époques de l'année.

Telles sont les productions naturelles le plus communément répandues dans le pays; il nous reste à signaler celles qui, moins utiles, mais tout aussi intéressantes, ont attiré plus particulièrement l'attention des naturalistes. Forster avait déjà signalé, parmi les espèces moins communes, une plante de l'espèce appelée *fleur de la passion;* on croyait jusqu'alors qu'elle ne poussait qu'en Amérique. Il mentionna aussi de grands arbres, noirs à la racine, qui avaient une écorce parfaitement blanche et des feuilles longues et étroites comme nos saules: il les rangea dans l'espèce que Linné appelle *Me-*

laleuca Leucodendron. Les botanistes de l'expédition de d'Entrecasteaux ne se bornèrent pas non plus à une simple reconnaissance des espèces déjà connues. Ils herborisèrent dans toute la région montagneuse de l'intérieur et enrichirent leurs collections de plantes variées et de curieux échantillons. La Billardière reconnaît que la végétation de cette contrée n'est pas aussi puissante que celle des basses terres, et il en donne l'explication. « Les vents d'est, dit-il, qui soufflent constamment sur ces hauteurs, s'opposent tellement à l'accroissement des végétaux, qu'on n'y rencontre que sous la forme d'arbustes des arbres qui plus bas parviennent à une grande élévation. Le *melaleuca latifolia*, par exemple, y atteint à peine 4 décimètres de haut, tandis que sur les collines il croît à une hauteur de 9 ou 10 mètres. Cependant, parmi les végétaux particuliers au sommet de ces montagnes, plusieurs semblent s'accommoder de la grande agitation de l'air qu'ils y éprouvent. J'y ai même découvert deux nouvelles plantes formant un genre nouveau, l'une que je désigne sous le nom de *dracophyllum verticillatum*, nouveau genre qui a beaucoup de rapport avec le dragonnier, et l'autre que je nomme *antholoma montana*. » C'est un fort bel arbuste qui n'atteint pas moins de vingt pieds de haut; il doit être rangé dans la famille des plaqueminiers.

La Billardière reconnut dans cette exploration,

plus suivie que celle de Forster, un grand nombre d'espèces qui lui permirent de dresser une flore plus exacte du pays. Cette nomenclature n'est pas encore bien complète, mais elle renferme cependant des observations utiles, dont quelques-unes ont été de véritables conquêtes pour les sciences naturelles[1] : outre les ignames, les patates et les diverses plantes déjà indiquées par Forster comme étant les productions naturelles du pays, il signala la présence dans cette contrée de l'*arum macrorrhizon* et du chou caraïbe, *arum esculentum*. L'*acanthus ilicifolius*, et l'*hibiscus tiliaceus* croissaient au bord des petites rivières. Dans la grande vallée, les naturalistes firent une récolte abondante de végétaux parmi lesquels se trouvèrent l'*acrostichum australe*, une nouvelle espèce de fougère du genre *myriotheca* et plusieurs espèces nouvelles de *limodorum*. Le gingembre, *amomum zingiber*, y croissait naturellement, ainsi que différentes espèces de *cerbera*. Parmi les arbres, il reconnut, outre le cocotier, le figuier, le chou palmiste et les végétaux communs aux îles de cette zone, quelques *casuarina equisetifolia*, et plusieurs beaux *aleurites* dont il trouva les amandes d'un goût fort agréable[2].

1. Voy. l'atlas de La Billardière, formant le IIIe volume du voyage de d'Entrecasteaux.
2. Lahaye, jardinier attaché à l'expédition, sema dans les bois diverses graines d'Europe, espérant qu'elles pourraient s'acclimater dans le pays ; mais on n'en a pas trouvé de traces.

La Billardière ne s'est pas contenté d'indiquer sommairement, dans la relation de son voyage, ses principales découvertes scientifiques. Il les a réunies plus tard dans un ouvrage spécial, la *Flore de la Nouvelle-Calédonie*. Cet ouvrage, écrit en latin, se divise en deux parties. Il est accompagné d'un album de quatre-vingts planches qui représentent les diverses espèces mentionnées par La Billardière, de grandeur naturelle. Les plantes sont énumérées dans l'ordre des familles et des espèces, et l'auteur n'entre dans les détails que lorsqu'il s'agit d'une espèce nouvelle. Nous ne reproduirons pas ce mémoire de botanique transcendante. Nous nous bornerons à renvoyer le lecteur au catalogue alphabétique des diverses familles, genres et espèces qui composent la *Flore de la Nouvelle-Calédonie*[1].

Productions minéralogiques.

La géologie de la Nouvelle-Calédonie n'a pas encore été l'objet d'une étude approfondie. L'expédition de savants américains dirigée par le lieutenant Wilkes n'a malheureusement pas exploré la région montagneuse de l'île, qui paraît cependant renfermer de nombreuses richesses minéralogiques.

---

1. *Sertum Austro-Caledonicum*. Paris, Veuve Huzard, 1824, un volume in-folio avec planches.

Forster s'est contenté de faire observer que l'aspect géologique de la contrée avait une grande analogie avec quelques cantons de la Nouvelle-Hollande situés sous le même parallèle. Les géologues plus récents lui ont reconnu tous les caractères d'une terre primitive ; le terrain y forme partout des couches régulières qui font en général un angle peu incliné à l'égard de l'horizon ; le sol est fort accidenté. La masse pierreuse, presque partout de la même nature, est un mélange de mica et de quartz plus ou moins teints d'une couleur ocreuse ou rougeâtre qui provient sans doute des particules de fer qu'elle contient. Par-ci par-là on trouve du talc ainsi que du jaspe d'un assez beau vert, ou bien encore des pierres calcaires parmi lesquelles on remarque de beau marbre blanc. Quelquefois enfin, mais plus rarement, on trouve le terrain d'un gris argenté, compacte, mais très-friable. Les missionnaires ont découvert dans ces derniers temps des carrières d'ardoises, une argile grise propre à faire des briques, une mine de cuivre et une source minérale.

D'après la composition géognostique du sol et les couches schisteuses qu'on rencontre, on pense qu'on pourra y trouver de la houille. Forster a observé dans quelques quartiers de roche l'indice de minéraux plus précieux, entre autres une tête de corne d'un grain ferme, étincelante de grenats un peu plus gros que des têtes d'épingle. La Billardière a reconnu en outre dans les divers composants qui forment ces grandes masses une stéatite plus ou moins dure renfermant quelques parcelles de cuivre, du schorl vert, de la mine de fer spéculaire, etc. Enfin des explorations plus récentes et plus complètes donnent lieu de croire que les montagnes de la Nouvelle-Calédonie renferment des filons de quartz aurifère aussi riches que ceux de la Nouvelle-Hollande, qui sont de la même formation géologique. Si ces indications se vérifient, la France, elle aussi, aura peut-être trouvé sa Californie.

CHAPITRE II.

MŒURS ET INSTITUTIONS.

Contradictions entre les récits des divers voyageurs; origine des Nouveaux-Calédoniens.

Le lecteur a dû être frappé de la contradiction qui existe entre les récits de Cook et de Forster et ceux de La Billardière et de d'Entrecasteaux, relativement au caractère des Nouveaux-Calédoniens. Si nous nous en rapportions uniquement à la relation des premiers explorateurs, cette contrée nous offrirait presque un tableau de l'âge d'or. Ils n'ont pas de couleurs assez riantes pour peindre les mœurs primitives de ces paisibles sauvages, si heureux à l'état de simple nature. Le fait est que les rapports que le capitaine anglais, les naturalistes de l'expédition et tout l'équipage eurent avec les Calédoniens pendant leur séjour à Balade, furent constamment pacifiques. Les Anglais n'eurent jamais occasion de se servir de leurs armes contre les naturels du pays. Cook crut pouvoir en conclure que leurs mœurs étaient douces et sociables comme celles des autres insulaires de la Polynésie qu'il venait de visiter. Forster surtout, le philanthrope Forster, dont les relations sont empreintes d'un optimisme peut-être un peu trop généreux, vante à tout propos l'honnêteté, la douceur, la confiance et toutes les autres vertus des Nouveaux-Calédoniens. En attendant que nous examinions ce qu'il peut y avoir de contestable dans ces récits comparés aux relations des autres voyageurs, arrêtons-nous un moment devant les tableaux un peu humoristiques que Cook et Forster nous tracent des mœurs de la Nouvelle-Calédonie.

« Les Calédoniens, dit Cook, sont à peu près du caractère de ceux qui habitent les îles des Amis; mais ils ont beaucoup plus de douceur et d'affabilité. Nous avons trouvé les hommes forts, robustes, actifs, bien faits, civils et paisibles, et nous leur avons reconnu une qualité rare parmi les nations de cette mer : c'est qu'ils n'ont pas le plus léger penchant au vol.

« Ces Indiens sont les seuls des mers du Sud qui n'aient pas eu à se plaindre de notre arrivée parmi eux. Quand on considère combien il est aisé de provoquer la violence des marins, qui se jouent si légèrement de la vie des Indiens, on doit avouer qu'il leur a fallu un degré extraordinaire de bonté pour ne pas attirer sur eux un seul acte de brutalité. Les philosophes, qui prétendent que le caractère, les mœurs et le génie d'une nation dépendent entièrement du climat, auront de la peine à expliquer les dispositions pacifiques des habitants de la Nouvelle-Calédonie. »

En sa qualité de philanthrope et d'amant de la nature, Forster renchérit encore sur ces observations psychologiques et morales tant à la mode au XVIIIe siècle.

« Ces peuples n'ont point encore atteint, dit-il, ce degré où l'esprit est assez perfectionné pour ne point mépriser le sexe. Leur caractère trop grave ne peut être captivé par les caresses d'une femme, ni apprécier les jouissances domestiques ; ils ne se livrent jamais à ces petites récréations qui contribuent tant au bien-être des hommes, et qui répandent la gaieté et la vivacité sur les îles de la Société et des Amis. Ils ne rient presque jamais ; ils parlent aussi très-peu, et peu d'individus prenaient plaisir à converser avec nous. L'éloignement de leurs plantations empêche peut-être cette communication familière, qui introduirait peu à peu chez eux le besoin de la société. »

Le portrait des Nouvelles-Calédoniennes est plus flatté dans son genre ; on dirait un pastel nègre :

« Ces Indiennes, dit Forster, ont les dents belles, les yeux noirs et expressifs, les cheveux bouclés, et le corps de celles qui n'ont pas fait d'enfants est bien proportionné. Elles sont chastes de mœurs, et paraissent craindre sinon aimer leurs époux; se tenant toujours à une distance respectueuse, évitant de les offenser par leurs regards ou par leurs gestes. Je n'ai pas entendu dire que quelqu'un de nos gens ait obtenu la moindre faveur de quelqu'une d'entre elles; quelques-unes s'amusaient même aux dépens de leurs adorateurs, en feignant de se rendre à leurs sollicitations. Les femmes des environs de l'aiguade étaient cependant moins retenues. Elles venaient dans la foule, provoquaient les matelots, les invitaient à les suivre derrière les buissons; mais, dès qu'ils approchaient, elles s'enfuyaient avec agilité, riant de bon cœur du tour qu'elles avaient joué. »

Est-ce là un tableau exact des mœurs de ces sauvages? N'est-ce pas plutôt une bucolique calédonienne, et ces bergères ne rappellent-elles pas la Galatée de Virgile :

> Et fugit ad salices, et se cupit ante videri.

Suivant le docteur Hombron, médecin de l'expédition en Océanie sous le commandement de Dumont-d'Urville (1837-1840), il y a beaucoup à rabattre de ces portraits flatteurs, de ces gravures en taille-douce où se développent le talent et la fantaisie de l'artiste aux dépens de l'exactitude et de la ressemblance. « Que d'Èves d'opéra et de nymphes au bain, dit-il, nous ont été reproduites, avec un léger tatouage, sous le nom de Taïtiennes, de femmes des Mendoces! Que de tableaux charmants sont venus se grouper autour de ces descriptions, de ces figures mythologiques, de ces généralités idéales! » Bougainville, dont le style est élégant et pur, s'abandonnait déjà aux prestiges de l'imagination et aux sentiments de l'indulgente reconnaissance. Les autres navigateurs n'ont pas échappé non plus à cette tendance de sacrifier toujours la vérité à la fraîcheur du tableau.

Si nous consultons maintenant l'opinion de La Billardière et des autres voyageurs qui, après lui, ont visité la Nouvelle-Calédonie, nous voyons que ces peuples, qu'on prétendait si doux, si honnêtes, si hospitaliers, sont, au contraire, de hardis voleurs et d'exécrables anthropophages. Au lieu d'une pastorale de fantaisie, nous avons des tableaux sombres et d'un réalisme effrayant. Voyez comme le portrait des Calédoniens a changé, au physique comme au moral :

« La couleur de leur peau, dit La Billardière, est aussi noire que celle des sauvages du reste de la Mélanésie, auxquels ils ressemblent par la férocité et l'abrutissement. Ils portent, suspendu à un collier de tresses, en guise d'ornement, un fragment d'ossement humain. Je ne puis douter, d'ailleurs, qu'ils ne soient anthropophages, ayant moi-même été témoin de plusieurs repas atroces, dans lesquels ces sauvages dévoraient leurs semblables, ce que ne font pas les loups. Ils se servent pour cela d'un instrument qu'ils nomment *nbouet*, formé d'un morceau de serpentine aplati et tranchant comme une hache. Cette pierre est percée de deux trous dans chacun desquels passent deux baguettes très-flexibles qui les fixent sur un manche de bois, auquel elles sont liées avec des tresses de poil de chauve-souris; cet instrument est porté sur un pied fabriqué avec un noyau de coco. Cette hache leur sert à couper les membres de leurs ennemis, qu'ils partagent après le combat. Ils commencent par ouvrir le ventre du vaincu, qu'ils ont assommé d'un coup de zagaie, puis ils lui arrachent les intestins au moyen d'un instrument qui est formé de deux cubitus humains bien polis et fixés dans un tissu de tresses solides. On détache ensuite les organes de la génération, qui deviennent le partage du vainqueur; les bras et les jambes sont coupés aux articulations et distribués à chacun des combattants, qui les porte à sa famille. Cette chair se coupe par tranches de sept à huit centimètres d'épaisseur, et les parties les plus musculeuses sont regardées comme le morceau le plus friand. Je pus alors m'expliquer pourquoi les sauvages tâtaient si souvent à nos compagnons le gras de la jambe et les parties charnues du corps, en faisant claquer la langue. »

La Billardière n'a pas non plus très-bonne opinion de la vertu des Nouvelles-Calédoniennes, que Cook et Forster nous ont dépeintes comme chastes de mœurs, ou tout au plus coquettes. Il raconte qu'un jour, se trouvant au bord de la mer, il vit deux jeunes filles, dont la plus âgée avait environ dix-huit ans, montrer aux matelots ce qu'elles sont dans l'usage de voiler avec la frange qui forme tout leur vêtement. Elles avaient fixé le prix de leurs faveurs à la valeur d'un clou ou de quelque autre objet de cette importance.

Comment expliquer la contradiction de ces détails avec ceux qui précèdent?

Comment en un plomb vil l'or pur s'est-il changé?

Faut-il suspecter la bonne foi de Cook et de Forster, et prendre leurs narrations pittoresques pour des chapitres de roman? Cependant l'exactitude de leurs relations s'est vérifiée sur d'autres points. On ne saurait donc admettre qu'ils se soient si grossièrement trompés sur une question aussi capitale, encore moins qu'ils aient voulu nous induire en erreur. On pourrait d'abord s'en prendre à l'hypocrisie de ces sauvages, qui, peut-être, ne s'étaient pas d'abord montrés à Cook tels qu'ils étaient réellement; mais il y a, selon nous, un moyen bien plus naturel d'expliquer cette contradiction apparente.

Près de vingt ans s'écoulèrent, de 1774 à 1793, entre la découverte de la Nouvelle-Calédonie par le capitaine Cook et la reconnaissance qui en fut faite par d'Entrecasteaux. Or, n'est-il pas plus vraisemblable de supposer que, dans l'intervalle des deux voyages, une de ces migrations, si fréquentes dans ces parages, a eu lieu, et que des tribus de race mélanésienne se sont substituées aux peuples d'origine polynésienne visités par Cook? Des inductions très-plausibles, et même des faits certains, authentiques, viennent à l'appui de cette assertion.

On se rappelle que les naturels de Balabea, en se défendant auprès de Pickersgill d'être anthropophages, avaient désigné comme tels les *minghas*, peuple qui habitait les îles du nord et avec lequel ils étaient en guerre. Il est probable qu'après le départ de Cook, ces minghas abordèrent sur la côte septentrionale de la Nouvelle-Calédonie, et qu'à la suite d'une lutte acharnée, ils détruisirent l'ancienne population ou la refoulèrent dans les montagnes du sud-ouest. Ce qu'il y a de certain, c'est qu'à l'époque où d'Entrecasteaux aborda au havre de Balade, tout ce canton portait les traces d'une guerre d'extermination.

« Un grand nombre de naturels, dit M. de Rossel,

étaient couverts de blessures encore récentes, et la chair humaine dont on les vit se nourrir était vraisemblablement celle de leurs ennemis. Peut-être les objets laissés à Balade par le capitaine Cook, vingt ans auparavant, avaient-ils attiré la guerre aux habitants de ce canton. En ce cas la guerre n'aurait pas été heureuse pour eux; car il ne leur restait absolument rien des objets qu'ils avaient reçus en présent et en échange. Les champs d'ignames, dont Forster vantait l'intelligente culture, étaient dévastés ou en friche, un grand nombre de cases incendiées ou abandonnées, etc. »

Le passage suivant, tiré du journal de **M.** de Fréminville, confirme l'idée d'une migration de tribus :

« Pendant que nous étions au mouillage, une grande pirogue à deux voiles, et qui venait du large, arriva le 4 mai à Balade, où elle accosta *la Recherche*. Elle était montée par sept hommes, mais d'une race différente de celle de la Nouvelle-Calédonie. Ces hommes étaient tout nus, mais robustes et de belle stature. Ils parlaient un idiome très-analogue à celui des îles des Amis. Une chose remarquable, c'est que l'usage du fer leur était connu. Ils dirent qu'ils venaient d'une île qu'ils appellent *Hohoua*, et dont ils indiquèrent la direction dans l'est-nord-est; on ne put comprendre à quelle distance ils la placent; mais on ne la jugea pas très-éloignée. On présuma que ce pouvait être une des îles Beaupré, qu'on avait découvertes la veille de l'arrivée à la Nouvelle-Calédonie. Quelques personnes crurent entendre que ces étrangers exprimaient qu'en effet cette île d'Hohoua n'était qu'à une journée de navigation du havre de Balade. »

Ce qui achèvera de nous mettre sur la voie, ce sont les traditions locales recueillies sur les lieux par les missionnaires, qui, ayant séjourné dans le pays, sont plus à même de nous bien renseigner que les voyageurs qui l'ont visité passagèrement.

« J'admire beaucoup, dit à ce sujet le P. Viard, nos savants voyageurs qui, pour avoir rencontré quelques sauvages sur un rivage isolé, échangé avec eux quelques paroles ou, si vous le voulez, assisté à une de leurs fêtes, de retour dans la patrie, publient les relations les plus intéressantes sur les coutumes, la religion et la langue des peuplades qu'ils ont visitées dans leurs courses lointaines. Je ne puis les imiter, ajoute-t-il, car il me semble qu'il faut plus d'investigations pour découvrir la vérité sur toutes ces choses. »

En effet, *la Résolution* est restée une semaine environ au mouillage de Balade; à peine ses officiers ont-ils eu le temps de faire les observations nautiques nécessaires pour constater leur découverte.

La Billardière, il est vrai, y a séjourné trois semaines, il a pu pénétrer dans l'intérieur du pays, en étudier à fond la topographie; mais, absorbé par ses études de naturaliste, il n'a pu s'enquérir à fond des mœurs des habitants, de leur langue, de leurs coutumes, de leur religion, etc., etc. Donc, tout en conservant aux précédents navigateurs l'honneur d'avoir découvert et exploré la Nouvelle-Calédonie, c'est aux missionnaires français qui les ont suivis que nous empruntons les détails les plus intéressants, les plus exacts et les plus complets sur l'histoire de cette contrée, aussi bien que sur le caractère et sur les mœurs de ses habitants.

« Il paraîtrait, dit le P. Viard, d'après le récit des vieillards, que ce peuple est originaire de l'île de Wallis. Leurs ancêtres, s'étant attiré la haine d'un ancien roi, furent contraints d'abandonner leur patrie, et, après avoir erré sur leurs pirogues d'archipel en archipel, s'arrêtèrent aux îles Loyalty, d'où plus tard (il y a environ soixante-dix ans) ils sont venus se fixer dans la Nouvelle-Calédonie[1]. »

D'autres missionnaires, ayant observé chez les

1. Ces migrations n'ont jamais cessé dans les archipels de l'océan Pacifique. Vers 1830, les naturels d'une île pauvre et infertile s'emparèrent d'un baleinier américain, et se firent conduire vers une île plus riche et plus féconde. Ils tuèrent les anciens habitants, les mangèrent, et s'établirent ainsi dans le pays.

Nouveaux-Calédoniens une pratique analogue à la circoncision, ont cru pouvoir en conclure que ce peuple appartenait à la race de Jacob; mais cette opinion tombe d'elle-même devant les preuves contraires que nous donne à cet égard la science de l'anthropologie, la seule peut-être qui puisse exactement nous guider dans ce dédale d'inductions et d'hypothèses. La conformation du crâne et tous les signes génériques observés chez les Nouveaux-Calédoniens les classent dans la race mélanésienne. D'ailleurs, si ces peuples étaient venus des îles du grand archipel d'Asie, où a pénétré en effet la grande famille arabe, il est un signe certain auquel on reconnaîtrait son origine, c'est la mastication du bétel, et nulle part on n'a retrouvé chez eux cette pratique commune aux tribus malaises. Il faut donc renoncer à vouloir rattacher directement les Calédoniens au grand rameau sémitique dont paraissent issues les tribus de la race malaisienne.

Les naturels de la Nouvelle-Calédonie sembleraient plutôt procéder de la race de Cham. Ils ont la peau aussi noire que les nègres africains. Leurs cheveux sont crépus et laineux, ils ont la barbe épaisse, le corps velu, le front comprimé et le nez aplati; mais d'un autre côté leur angle facial est plutôt malais qu'africain; il en est de même des pommettes des joues; ils n'ont pas non plus les grosses lèvres de la race nègre, d'où l'on pourrait induire que leurs tribus sont un mélange des diverses races océaniennes. Quelques géographes prétendent encore que les Calédoniens sont originaires de la Nouvelle-Hollande. Cela nous paraît peu probable, à cause de la direction des vents, qui s'opposent aux migrations dans le sens de l'ouest à l'est. Le plus simple est d'en revenir à notre première hypothèse, et d'admettre avec les traditions du pays et l'opinion des missionnaires qu'un mélange de races s'accomplit depuis environ soixante-dix ans, et que les Uvéas, originaires des îles Wallis, ont fait de fréquentes incursions dans la Nouvelle-Calédonie, en prenant pour stations intermédiaires et pour points de ralliement les îles Loyalty ou les îles Beaupré. Le point le plus commode pour la communication est Yenguène, qui n'est éloigné des archipels dont nous parlons que de quarante-huit milles (seize lieues). Le trajet peut se faire aisément en une journée, quand les vents sont favorables; le retour peut s'effectuer quand les brises sont faibles et qu'elles inclinent vers le nord. M. Lecomte, capitaine de vaisseau, dans son intéressant Mémoire sur la Nouvelle-Calédonie, dit positivement que les Uvéas avaient en 1847 à Yenguène un village qui ne comptait pas moins de huit à neuf cents individus. Ces Uvéas ne seraient-ils pas précisément la race conquérante, supérieure à celle des anciens Calédoniens, et qui aurait formé dans le pays une sorte de féodalité, celle des *alikis* ou chefs de tribus?

Enfin nous puiserons un dernier argument en faveur de notre système dans ce fait que la langue calédonienne a de grands rapports avec le dialecte qu'on parle dans les îles Wallis. Cook et La Billardière ont donné, chacun à la suite de leur voyage, un vocabulaire de la langue calédonienne ; mais, si nous en croyons le P. Rougeyron, ces prétendus dictionnaires n'ont rien d'exact. L'idiome calédonien est on ne peut plus difficile à apprendre, tant à cause de son génie tout différent de nos langues d'Europe, que pour la rudesse de sa prononciation rauque et gutturale. Le P. Viard, qui connaissait l'idiome de Wallis, parvint cependant à comprendre et à parler le dialecte calédonien. Il a même traduit dans cette langue le *pater*, le *credo* et les principales prières de la liturgie romaine.

M. Ch. Fabre, chirurgien auxiliaire à bord de la corvette *le Rhin*, a composé en 1845 un nouveau vocabulaire de la langue qui se parle aux environs du hâvre de Balade, laquelle diffère en bien des points des autres idiomes calédoniens. N'est-ce pas là une nouvelle preuve à l'appui du mélange de races qui s'est opéré dans ce pays? M. Fabre fut tout surpris de voir que les naturels ne le comprenaient pas, quand il les interrogea à l'aide des dictionnaires de Cook et d'Entrecasteaux. Sa curiosité en fut naturellement excitée. Il rechercha les causes qui avaient pu induire en erreur un homme aussi judicieux que La Billardière, et il reconnut qu'une révolution avait dû s'accomplir dans le langage aussi bien que dans les mœurs de la Nouvelle-Calédonie. Les radicaux étaient bien à peu près les mêmes, mais les terminaisons étaient toutes différentes.

Les philologues trouveront un intéressant sujet d'étude dans l'examen comparé de ces vocabulaires, où apparaissent çà et là quelques racines mères, appartenant à la grande famille des langues sémitiques et indo-germaniques, mais dont la plupart des mots sont d'origine inconnue et procèdent sans doute d'une langue océanienne primitive qui s'est subdivisée à son tour en une foule de dialectes.

En résumé, la Nouvelle-Calédonie nous paraît avoir été habitée tour à tour, peut-être même simultanément par deux races distinctes, dont l'une a fini par absorber l'autre. La tribu conquérante est venue du nord-est, soit des îles Wallis, soit de l'archipel de Banck. Une partie de l'ancienne population semble encore de nos jours confinée dans les montagnes du sud-ouest. Elle a peu de rapports avec les tribus de la côte septentrionale, et ne parle pas la même langue. Enfin l'île des Pins, qui est encore plus au sud, et qu'un bras de mer sépare de la Nouvelle-Calédonie, est habitée par un peuple beaucoup moins cruel et moins rebelle à la civilisation et au christianisme que les sauvages Uvéas, avec lesquels il est constamment en guerre. Peut-être est-ce là un débris de l'ancienne race calédonienne visitée par Cook.

Religion calédonienne [1].

Avant la venue des missionnaires, les Calédoniens n'avaient aucune idée de la divinité, ou, pour mieux dire, d'un Dieu unique et créateur; mais, comme presque tous les peuples idolâtres, ils attribuaient tout ce qui leur arrivait d'heureux ou de malheureux à des êtres d'une nature supérieure, à des génies bons ou mauvais. Le soleil, la lune et les étoiles étaient pour eux des objets créés par les *Dhianouas* (génies) pour les servir et les éclairer le jour et la nuit. Ils pratiquaient en outre un grand

1. Le document le plus intéressant que nous ayons pu consulter sur les croyances, les mœurs et les institutions actuelles de la Nouvelle-Calédonie est le mémoire du capitaine Lecomte, auquel nous avons déjà fait plusieurs emprunts. Ce mémoire nous présente un tableau exact et contemporain de l'état social, des institutions, des ressources de la Nouvelle-Calédonie; il est à la fois le complément de l'histoire des missions et le point de départ des plans de colonisation que nous aurons tout à l'heure à développer.

nombre de superstitions auxquelles ils n'ont pas tout à fait renoncé. Une de leurs croyances semble se rattacher à celle de l'immortalité de l'âme.

« Les sauvages, dit M. Lecomte, croient qu'après la mort la partie intellectuelle se revêt d'une forme matérielle à peu près semblable à la dépouille mortelle, et se rend à Balabéa, petite île située à neuf milles de la tribu de Pouma, et cela sans le secours de pirogues. Ces êtres nouveaux entrent par le trou d'un rocher dans la demeure d'un Dhianoua, où ils trouvent beaucoup à manger. Les ignames, les taros et les bananes mûres abondent dans ce paradis terrestre; il en est de même des richesses et des morceaux d'étoffe rouge. Ils y seraient parfaitement heureux et contents; mais, comme l'instinct du vol les suit partout, ils se livrent à des déprédations pendant que le Dhianoua fait semblant de dormir. Alors il se réveille, les poursuit, les bat et les tue; et, de semblables que ces âmes étaient au corps qu'elles habitaient primitivement, elles deviennent de simples ombres qui ne sauraient mourir de nouveau, et qui passent leur temps à parcourir les villages, à parler la nuit aux vieilles femmes, à leur désigner les voleurs d'ignames et de taros. Aussi les Nouveaux-Calédoniens voyagent-ils peu la nuit, tant ils ont peur de ces revenants ou fantômes. Quand le vent souffle avec violence parmi les arbres, agitant leur feuillage, le sifflement qui se fait entendre est causé par le Dhianoua qui se promène. Ces Dhianouas, chez lesquels les âmes vont résider, demeurent dans des localités différentes pour les peuplades des autres parties de l'île, car la plupart d'entre elles ne connaissent pas l'île de Balabéa. »

D'après les croyances de ces insulaires, l'apparition des Européens dans leur île ne dut pas leur causer un étonnement profond. Ces figures d'hommes, d'un aspect tout nouveau, d'une autre couleur qu'eux, matériels comme eux-mêmes, furent dans leur esprit un résultat de la métamorphose de leurs parents et amis décédés. Ils entourèrent les voyageurs et se pressèrent naturellement autour d'eux, chacun cherchant à retrouver sur leurs pâles visages les traits et la physionomie des personnes qu'ils avaient connues et peut-être aimées.

« Notre supériorité bien évidente, ajoute M. Lecomte, les entretient dans cette idée particulièrement à l'égard des commandants, des officiers et surtout des missionnaires, qui, chaque jour, les étonnent par des choses nouvelles et imprévues, et ont acquis une grande influence par la crainte qu'ils leur inspirent, quoiqu'ils ne leur aient jamais fait que du bien; c'est cette opinion, qu'ils ont souvent fort innocemment accréditée, qui les a mis, dans les premiers temps surtout, à l'abri des agressions. La pureté des mœurs des missionnaires, le vêtement complet dont ils sont toujours revêtus, fait que les naturels se demandaient s'ils avaient un sexe, et souvent sous ce rapport leur curiosité a été excitée assez vivement. »

En résumé, bien que les vérités du christianisme aient germé dans quelques âmes, et qu'une partie de la population pratique déjà les principaux préceptes de l'Évangile, les anciennes superstitions ont encore beaucoup d'empire même sur les prosélytes les plus sincères, dont la croyance et les actes offrent un singulier mélange de christianisme et d'idolâtrie.

État des personnes.

La population de la Nouvelle-Calédonie se divise en deux catégories : celle des chefs de toute classe, espèce de féodalité fort nombreuse, et celle des *jamboïtes* ou serfs, sur lesquels les premiers, surtout ceux des classes les plus élévées, ont droit de vie et de mort. Il n'y a pas de petit village ou de hameau qui n'ait plusieurs chefs. Chaque tribu en a un principal, qui porte le nom de *téa* et auquel tous les autres obéissent : ces chefs font la guerre et la paix; ils lèvent sur leurs sujets des impositions en vivres; quelquefois même, et malheureusement trop souvent, ils tuent des jamboïtes ou en font tuer pour s'en repaître.

La loi salique est en vigueur chez les Nouveaux-Calédoniens. Les mâles seuls peuvent gouverner, et le fils aîné du téa lui succède; dans le cas où ce chef n'a que des filles, il adopte le fils d'un individu quelconque, et le plus souvent celui d'un petit chef qui alors hérite de tous les droits du père adoptif après sa mort, sans qu'il lui soit permis d'épouser la fille de son bienfaiteur. Le P. Rougeyron, celui des missionnaires qui parle le mieux la langue du pays, ne peut affirmer ce dernier point; mais tout ce que les missionnaires ont vu dans ce genre porte à croire que, d'après les usages de ce peuple, l'adopté ne pourrait pas se marier à sa sœur adoptive. Ils ne se marient pas entre alliés, si ce n'est avec leurs belles-sœurs; l'aîné de la famille est même tenu, comme dans la république de Platon, d'épouser la veuve de son frère, toutes les fois que son mari vient à mourir sans lui laisser d'enfants. La fille aînée d'un *téa* est toujours considérée comme une *femme-chef* et porte dans toutes les tribus le nom de *cabo;* mais si, par inclination, elle épouse un jamboïte, les enfants ne participent en rien à la noblesse de leur mère.

A défaut d'un fils adoptif, les cadets succèdent à leur aîné dans le gouvernement de la tribu. Les téas portent toujours le nom de leur aïeul, comme chez les anciens Grecs ; ainsi les noms du père et du grand-père ne se perdent jamais. Les branches collatérales portent le nom de *monéaou ;* mais, à chaque génération, elles perdent un degré de noblesse, et, après la sixième, elles rentrent dans les rangs du simple peuple.

Les plus grandes affaires des tribus se traitent dans un conseil où sont appelés les vieillards de la noblesse et quelquefois les grands chefs des tribus voisines ; quand il s'agit d'un intérêt commun, quand le téa meurt, par exemple, et que son successeur est en bas âge, un des vieux chefs de la tribu, le plus influent, devient son tuteur et gouverne en son nom ; il peut, à la majorité du téa, qui n'a pas lieu à un âge très-précis, conserver une grande influence et continuer à diriger en quelque sorte la tribu, mais il n'usurpe jamais.

État des propriétés ; cultures diverses.

Les Nouveaux-Calédoniens possèdent chacun autant de terres qu'ils en peuvent cultiver, et le chef du village dispose du reste, s'il le trouve convenable. La réputation d'un homme de noble race est en raison de l'étendue des terrains cultivés qu'il possède, et l'on désigne comme grand chef celui qui a beaucoup de morceaux de terre en culture et qui possède de grandes plantations de cocotiers.

Les transactions passées entre propriétaires sont sacrées, quoiqu'elles ne soient que verbales ; mais le plus souvent elles ont lieu devant témoins. Les cultures sont de peu d'étendue et ne sont pas en rapport avec les besoins de la population, quelque peu nombreuse qu'elle soit ; elles sont toujours placées tout près des villages et des cases. Les productions sont peu variées ; elles se réduisent à la canne à sucre, à l'igname et au taro.

La canne à sucre, qui vient à merveille, se plante en petite quantité dans les lieux humides, tout près de la maison ; on la mange avant qu'elle ait pris tout son accroissement : c'est un aliment que le propriétaire offre comme rafraîchissement aux amis qui viennent le visiter et aux passants pour lesquels il veut faire des frais de politesse.

On cultive plusieurs espèces d'ignames : les naturels préparent, pour les recevoir, de grandes plates-bandes qui forment le dos d'âne ; ils divisent la terre et la réduisent presque à l'état de poussière, au moyen de grands bâtons pointus dont ils se servent avec beaucoup d'adresse ; ensuite ils enfouissent, à 30 centimètres environ, la partie supérieure d'anciens tubercules qu'ils ont conservés, et cela à une distance d'un mètre environ l'un de l'autre. Quand la végétation commence et que les jeunes pousses sortent de terre, ils en font le sarclage et le binage, et placent de grandes perches qui suivent les tiges rampantes et à vrilles de cette plante, dont on déterre les tubercules huit mois environ après la plantation. Ces tubercules acquièrent quelquefois une grosseur considérable.

Dans toutes les parties de l'île, on trouve les traces de la culture de l'igname et de leurs grandes plates-bandes, qui sont couvertes d'arbrisseaux et de grandes herbes. La culture s'est donc étendue partout. En attendant que nous tirions quelques conclusions à ce sujet, on peut dire qu'il est certain que l'igname appauvrit la terre, et, comme il ne produit plus que peu après un petit nombre d'années, les naturels transportent leur demeure dans un lieu inculte et voisin, où la terre n'est pas épuisée.

Si les Calédoniens mettent un art remarquable à la culture de l'igname, il en est encore bien autrement à l'égard du taro, que l'on cultive non-seulement dans les plaines humides, mais aussi tout près des villages, dans les lieux les plus salubres, sur le versant des coteaux, dans les plaines brûlées et desséchées par le soleil et souvent sablonneuses. Les ruisseaux rapides qui descendent des montagnes et qui ne dessèchent jamais sont utilisés partout; il n'est pas possible d'entendre l'irrigation mieux que ces sauvages; on est tout étonné, en approchant des villages, de voir ces paisibles cours d'eau qui les entourent, circulant entre les plates-bandes d'ignames. Les taros élèvent leurs belles et larges feuilles flottantes au-dessus de l'eau des ruisseaux au milieu desquels ils sont plantés, ou bien ils couvrent de petits espaces humectés avec soin. Quand les naturels veulent planter le taro, ils coupent la plante un peu au-dessous du collet; des feuilles nouvelles repoussent immédiatement, et il se forme deux ou trois tubercules qui peuvent être mangés au bout de trois ou quatre mois.

Guerres fréquentes.

Comment cette misérable population, qui vit sous un beau climat et sur une terre assez fertile, a-t-elle été amenée à ne pas cultiver le nécessaire, à mourir, pour ainsi dire, de faim, à se livrer à l'anthropophagie et aux excès de férocité qui en sont la conséquence? « Cela tient, dit M. Lecomte, à ce que les premiers pas de cette société ont été mauvais; la civilisation a été entravée par des mœurs et des coutumes antisociales, qui ont amené la décrépitude prématurée de cette petite association de l'espèce humaine. Espérons dans sa régénération, ajoute-t-il; laissons des hommes vertueux et dévoués à leur œuvre de philanthropie éclairer ce pauvre peuple et lui procurer tout ce qui peut le rendre bon et heureux; mais nous autres, gens de spéculation, gardons-nous d'aborder ces rivages, où nous porterions, avec nos mauvaises passions, les moyens puissants de destruction que nous possédons, notre intempérance et les vices d'une civilisation trop avancée, non moins à craindre que la barbarie elle-même. »

Les guerres surgissent du jour au lendemain et sont très-fréquentes. Elles n'ont pas toutes le même caractère ; elles ont souvent lieu entre voisins du même village, quelquefois de village à village, mais les plus terribles sont celles qui se font entre les tribus. Dans les deux premiers cas, elles ne sont qu'instantanées ; il y a souvent des blessés, mais rarement des victimes ; l'agresseur, avec ses parents ou ses voisins, se porte contre la maison ou le village de l'adversaire, détruit et pille les plantations et met le feu aux cases, si toutefois il n'est pas repoussé : quels que soient le dégât ou les accidents survenus par suite de ces rixes, la querelle est bien vite mise en oubli. Mais les autres guerres, celles de tribu à tribu, ont un tout autre caractère. Sur la convocation du téa, toute la tribu marche ; il ne reste dans les villages que les invalides et les petits enfants. En général, les partis opposés ne vont pas à la rencontre l'un de l'autre ; un des deux prend l'offensive, et l'autre se défend à la limite de la tribu ou au village le plus rapproché de la frontière ; généralement, ce sont les plus valeureux guerriers qui sont les chefs de ces villages, les plus exposés aux invasions de l'ennemi.

Les armes dont se servent ces peuples sont à peu près celles dont font usage les autres sauvages. Le casse-tête ou massue, auquel ils donnent diverses formes, est exclusivement fait avec du bois de fer qui est dur et très-pesant. Ils ont aussi le javelot ou sagaïe, qui est léger et très-pointu, quelquefois dentelé ; sa longueur varie de 1 mètre 45 centimètres à 2 mètres ; les naturels le lancent de fort loin, et avec beaucoup d'adresse.

L'arme la plus dangereuse, dont ils se servent avec une adresse étonnante, est la fronde ; les pierres dont ils font usage sont taillées à l'avance et renfermées dans un petit sac qui en contient environ une douzaine, et qu'ils s'attachent autour des reins ; ces petites pierres sont en basalte, de forme ovoïde, un peu pointues par les extrémités et de la grosseur d'un œuf de pigeon. Le nombre des Nouveaux-Calédoniens qui portent les cicatrices de blessures faites par ces pierres est étonnant.

Dans les guerres, quand une lutte a eu lieu, malheur à la tribu qui a été vaincue. Les malheureux ne trouvent de secours que dans la fuite, car le vainqueur ne fait aucun quartier ; tout ceux qui sont rencontrés sont assommés ou massacrés, et souvent mangés, surtout si ce sont des chefs. Les ossements des vaincus servent à orner les cases des vainqueurs, et les crânes sont placés sur le sommet de hautes perches près de la demeure des chefs. Les représailles ne se bornent pas aux individus, elles s'étendent à toute la tribu; les cases sont brûlées, les cocotiers coupés, les bananiers, les ignames, les taros et les cannes à sucre arrachés. Aussi, quand le moment du combat approche, la tribu qui est attaquée s'empresse de mettre sur ses pirogues les objets les plus précieux, et ces embarcations se tiennent en mer jusqu'à l'issue de la bataille. Dans ces grandes guerres, comme dans les plus petites, les femmes accompagnent les combattants pour piller les plantations des ennemis, et elles retournent chargées de butin. Pour faire la guerre, les chefs lèvent des impositions en vivres sur les propriétés.

Une tribu qui a subi une dévastation doit naturellement craindre une nouvelle guerre; le vainqueur la recommencera au premier prétexte, car il a le sentiment de sa force. Avant l'arrivée des missionnaires dans l'île, il ne se passait pas plus de quatre à cinq années sans qu'une guerre eût lieu entre les tribus de Mouélébé et de Pouma; la première, qui est beaucoup plus peuplée que l'autre, est naturellement la plus forte, et depuis bien longtemps n'a subi aucune invasion; aussi est-elle bien plantée en cocotiers, et les cultures y sont-elles relativement en bon état. Celle de Pouma, au contraire, est dévastée, les cocotiers y sont fort rares; à peine si l'on en remarque quelques-uns à proximité des villages; les habitants n'en plantent pas de nouveaux, car ils sont persuadés qu'ils seraient détruits avant de porter des fruits.

Quand les missionnaires apprennent qu'il se fait quelques préparatifs de guerre ou qu'il y a de l'irritation dans les familles ou entre voisins, ils se mettent en campagne, et ils sont quelquefois parvenus à arrêter les violences et les attaques, même celles qui avaient été commencées.

Condition des femmes et des enfants.

« Comme chez toutes les nations que l'Évangile n'a pas civilisées, les femmes, dit le P. Rougeyron, rampent ici au pied de l'homme qui les tyrannise. A elles est dévolue la charge de porter les fardeaux, d'aller chercher la nourriture, d'avoir soin des champs une fois qu'ils sont défrichés. Elles ont la plus grande part aux travaux, et la plus petite aux douceurs du ménage. Y a-t-il un fruit bon à manger? aussitôt le mari le fait *tabou* (sacré), et, s'il est permis à l'épouse d'être témoin du dîner du mari, c'est à condition qu'elle n'y touchera pas; autrement elle serait punie de mort. Si elle tombe malade, elle est à l'instant expulsée de la famille, elle couche à la belle étoile, ou sous quelques branches plus ou moins bien entrelacées; il faut qu'elle reste là exposée aux injures de l'air et de la pluie. Sur le moindre soupçon, pour une simple désobéissance à son mari, celui-ci entre en fureur et la traite avec une barbarie incroyable; quelquefois il lui brise le crâne avec une pierre, et bientôt arrivent de prétendus chirurgiens qui lui déchirent les chairs avec des coquillages : c'est un spectacle à faire frémir. »

La condition des femmes, quoique toujours bien précaire, semble cependant s'être un peu améliorée sous l'influence des missionnaires. Aussitôt qu'une femme est accouchée, on donne avis de cette heureuse nouvelle aux parents et aux amis, qui tous s'empressent d'aller visiter le nouveau-né. Ils n'y vont jamais les mains vides; mais chacun apporte ce qu'il peut en comestibles. Lorsque tout le monde est arrivé, on prépare le festin. Pendant que les uns s'occupent de faire cuire les aliments, d'autres prennent de la cendre chaude qu'ils étendent par terre, puis ils roulent l'enfant dessus; avec les mains ils dépriment son front, afin qu'il soit étroit, ce qui est une beauté, ainsi que d'avoir le nez épaté; aussi ne manquent-ils pas de l'aplatir. On délibère ensuite sur le nom à donner : c'est presque toujours celui d'un parent, d'un ami, et quelquefois d'une chose ou d'un objet qu'ils affectionnent, si l'enfant n'est pas un aîné. Ils n'ont point de nom de famille; mais, comme les Calédoniens en reçoivent plusieurs à leur naissance, ils ont une dénomination fort précise pour chacun d'eux.

Ces insulaires aiment bien leurs petits enfants; il n'est pas rare de voir la mère et même le père porter sur son dos un berceau fait d'écorce d'arbre et qui a presque la forme d'une chaise ou d'une hotte. Cette chaise, sur laquelle on étend l'enfant, a un petit rebord pour l'empêcher de tomber; les parents l'entourent ou la couvrent soigneusement avec une petite natte. Quand les femmes vont à l'extérieur pour chercher des aliments dans les montagnes ou des coquillages dans les récifs, elles laissent souvent leur enfant dans la case à la garde du père, ou le couchent sur une natte sur laquelle on le roule pour l'endormir. Si on ne parvient pas à l'apaiser, pour l'empêcher de crier, on lui jette de l'eau froide sur la tête.

Dès que les enfants cessent de teter et commencent à se traîner, on ne s'en occupe presque plus, et on les laisse à eux-mêmes dans la case. Les parents ne se cachent d'aucune action devant eux; aussi ont-ils de très-bonne heure une connaissance parfaite de toutes choses et un libertinage précoce.

Mariages.

Assez généralement les enfants des deux sexes se marient quand ils ont atteint l'âge de dix-huit à vingt ans. Lorsqu'un jeune homme se présente pour épouser une jeune fille, il n'est pas rare qu'il éprouve un refus, s'il n'est pas chef ou d'un sang noble, et il arrive quelquefois que, par suite de refus successifs, il est réduit à rester célibataire. Si la jeune fille agrée la demande, le mariage se conclut immédiatement, sans autres cérémonies. Les parents ne sont pas toujours consultés; il arrive souvent aussi que des parents font le mariage de leurs enfants sans les consulter. Ces mariages, auxquels la bonne foi seule préside, sont pour la vie, à moins que la femme n'ait commis quelque infidélité patente : alors le mariage est dissous, et les époux peuvent convoler à de secondes noces; les enfants d'un premier mariage restent toujours à la mère.

Les jeunes filles peuvent disposer de leur corps; mais, dès qu'elles sont mariées, elles doivent être fidèles, et les maris poussent quelquefois la jalousie jusqu'aux plus terribles excès. Les enlèvements de femmes mariées ne sont cependant pas rares, et souvent ils attirent des guerres entre les tribus ou les familles, à moins que celui qui a fait le rapt ne soit un chef ou relativement un grand personnage; alors la crainte que l'on a de lui fait taire le ressentiment.

« Un jour, dit M. Lecomte, me promenant le long du rivage de la mer, à deux lieues environ de l'établissement des missionnaires, j'entrai dans une case située dans un lieu très-pittoresque, près d'un grand rocher, et qui paraissait être une maison de campagne. J'y trouvai une jeune femme occupée à divers petits travaux : sa beauté était remarquable, quoiqu'elle fût dans un état de grossesse assez avancée; elle paraissait heureuse et contente. Je m'assis quelques instants près d'elle, et la rendis fort joyeuse en lui donnant quelques gros grains de verre bleu. En rentrant à la maison, je demandai au P. Rougeyron ce que c'était que cette femme; il me dit que c'était celle du chef du village de Ouabane. Je le connaissais, et j'étais même quelquefois entré dans sa maison en me promenant à la chasse du côté de son village, et, quand j'entrais chez lui, il ne manquait jamais de m'offrir un coco pour me rafraîchir. Il était jeune, de très-bonne mine et d'une figure assez distinguée. Je ne connaissais pas sa femme, qu'il n'avait avec lui que depuis fort peu de temps. Elle était précédemment mariée à un habitant noble d'un autre village de la même tribu; le chef de Ouabane en devint amoureux, l'enleva malgré elle, ce qui causa beaucoup de rumeur dans tout le voisinage ; mais la position de chef de village, le courage éprouvé du coupable, qui était d'ailleurs fort aimé et qui avait un grand nombre de partisans, en imposèrent ; et puis, ce qu'il y eut de plus remarquable, c'est que la jeune femme, une fois dans son nouveau ménage, s'y trouva bien et déclara qu'elle ne voulait plus retourner avec son premier mari. »

Parmi les cases dont se compose l'habitation d'une famille, il y en a qui servent exclusivement aux femmes, et dans lesquelles nul homme ne peut entrer pendant la nuit ; il y en a encore de particulières où les femmes se retirent, dans un isolement complet, pendant la durée de leur indisposition périodique.

La polygamie est assez répandue dans l'île, surtout chez les chefs, qui souvent ont plusieurs femmes. Mais loin de les tenir dans l'oisiveté d'un harem, nous avons vu qu'ils les font travailler comme des esclaves.

Maladies.

Quoique le climat de la Nouvelle-Calédonie soit très-sain, les habitants sont sujets à contracter un assez grand nombre de maladies aiguës, causées généralement par leur nudité et par la fraîcheur des nuits, qui souvent sont fort humides. Les maladies qu'ils gagnent le plus souvent sont l'éléphantiasis, qui atteint au moins un dixième de la population mâle, les hydrocèles et les maux d'yeux : tout cela provient de ce qu'ils couchent généralement sur la terre, dans des cases très-humides, surtout pendant l'hiver. Aussi ont-ils souvent des rhumes dangereux. La maladie vénérienne est aujourd'hui répandue dans toute l'île et s'y montre sous les formes les plus hideuses. On ne sait pas jusqu'à présent si ce sont les Européens qui leur ont fait ce funeste cadeau.

Là, comme dans tous les pays, la médecine cherche la guérison de tous les maux ; mais le charlatanisme y déploie aussi, comme partout, les remèdes empiriques. Il y a des médecins de profession, mais en petit nombre ; on en trouve tout au plus deux ou trois dans chaque tribu, et ils sont réputés comme fort savants et très-habiles. Ces médecins forment une sorte de caste héréditaire, et ont grand soin de ne communiquer leur science qu'à ceux de leurs enfants chez lesquels ils reconnaissent le plus d'aptitude. Ils s'entendent assez bien à remettre les membres démis et à guérir quelques fractures simples ; ils pratiquent, dans quelques circonstances, des saignées, particulièrement pour les coups reçus à la tête, et cela avec quelques petits éclats de quartz, en pratiquant des piqûres autour de l'endroit meurtri. Ils établissent aussi des vésicatoires en brûlant la partie qu'ils veulent faire suppurer. Enfin, ils purgent quelquefois leurs malades en leur faisant boire de l'eau-de mer, avec laquelle ils cautérisent aussi les plaies causées par les maladies vénériennes.

Les malades dont on désespère, souvent prématurément, et ceux qui répandent quelque mauvaise odeur, sont déposés dans une méchante case construite avec quelques branches d'arbres, et plus souvent encore exposés en plein air; seulement, par un sentiment de pitié, on leur fait un petit feu; on les laisse ainsi dans le plus grand isolement. Les naturels sont tout étonnés quand les missionnaires ou d'autres Européens s'approchent de ces moribonds, et ils leur disent : « Pourquoi approchez-vous ? C'est inutile : il sent mauvais; » ou bien : « Il va mourir. »

Il est rare qu'un malade rende naturellement le dernier soupir : quand il n'a plus sa connaissance, souvent même avant son agonie, on lui ferme la bouche et les narines pour l'étouffer, ou bien on le tiraille de tous côtés par les jambes et par les bras. Quand un vieillard est tout à fait infirme et perd le sentiment de son existence, on l'enterre quelquefois tout vivant. Lorsqu'un malade croit se sentir mourir, il fait appeler sa femme et ses enfants, et il leur exprime ses dernières volontés; souvent il demande qu'on l'achève, ce que l'on fait sans scrupule.

Funérailles.

A peine un malade a-t-il rendu le dernier soupir, moment qui est toujours provoqué par lui-même, qu'on lui ferme les yeux, on lui plie les jambes sur elles-mêmes et on les lui lie, ensuite on attache les bras aux genoux, de sorte que le cadavre est tout ramassé, comme s'il était accroupi, et on l'enveloppe dans une grossière étoffe, faite avec de l'écorce d'arbre. On l'enterre ainsi, la tête en haut, en ayant soin de l'entourer de quelques présents. Si l'on suppose, par suite de quelques mouvements, qu'il n'est pas tout à fait mort, on l'achève avec quelques coups de casse-tête.

« Un jour, dit M. Lecomte, je fus, en compagnie des PP. Rougeyron et Grange, me promener à Pouebo. Nous eûmes à traverser plusieurs petites rivières descendant des montagnes. A mesure que nous traversions les villages, les habitants qui nous voyaient passer nous accompagnaient, comme pour nous faire honneur, et c'était à qui nous ferait passer les gués sur ses épaules. Nous ne pouvions guère voyager les mains vides, et toujours une petite récompense était faite à ceux qui nous rendaient service. Aussi étaient-ils toujours fort empressés. Nous trouvant arrêtés près d'un gué assez considérable, entre autres sauvages se présenta un grand gaillard de bonne mine, ayant atteint tout au plus une quarantaine d'années. En voyant cet homme, le P. Rougeyron, qui le connaissait, poussa un cri d'exclamation et de surprise. Il avait lieu d'être étonné, car il le croyait mort depuis quelque temps. Lorsque nous fûmes rendus de l'autre côté de l'eau, le père fit causer ce naturel, et nous raconta ensuite ce qui suit :

« Lorsque cet individu, qui avait eu une forte indisposition, fut réputé pour mort, on se disposa pour l'inhumation. Ceux qui en étaient chargés, se réservant d'y procéder, selon l'usage, pendant la nuit, le déposèrent à l'entrée d'un bois. Dans la soirée, un chef, passant près de ce lieu, entendit des gémissements, s'approcha, et, découvrant le corps bien empaqueté, lui fit à peu près ces questions : « Es-tu mort ou vivant ? — Je suis vivant. — « N'es-tu pas un génie ? — Non, je suis un vrai « homme. — Qui es-tu ? » Alors le pauvre diable lui dit ses noms, et il lui fallut raconter des circonstances particulières et connues de sa vie pour bien prouver qu'il n'était pas mort. Alors seulement il fut débarrassé de sa toilette mortuaire et rendu à la vie et à la liberté. »

Les cas de suicide ne sont pas rares ; mais il ne paraît pas que chez ces sauvages ce soit chose préméditée : ils sont fort légers, et en même temps très-impressionnables. Ainsi, pour une injure reçue, pour quelque revers essuyé, pour quelque cause assez futile, ils iront se pendre dans les bois, et souvent le corps n'est retrouvé que lorsqu'il tombe en putréfaction.

Une femme voisine de l'établissement des missionnaires avait perdu une fille qu'elle chérissait; elle pleurait la nuit et le jour, appelant son enfant, et la vie lui devenait importune. Elle tressa une corde et se pendit. Une personne couchant dans une case voisine, entendant les cris qu'elle poussait, lui porta des secours; elle regrettait ensuite d'avoir été rappelée à la vie, parce que, disait-elle, elle n'avait plus de bonheur à espérer, et qu'elle voulait rejoindre sa fille dans le pays des génies. Le P. Rougeyron la prêcha, et, depuis, elle est devenue une catéchumène assez fervente.

Les missionnaires, aimés de leurs voisins comme ils le sont, peuvent étudier chez eux les mœurs et les coutumes, surtout depuis que quelques-uns d'entre eux sont initiés à leur langage; ils les voient et les suivent dans toutes leurs actions; mais, jusqu'à ce moment, il leur a été totalement interdit d'assister aux funérailles : ils courraient risque de mort s'ils tentaient de pénétrer ce mystère.

Ceux qui rendent les honneurs de la sépulture à un mort sont aimés et jouissent de l'estime de la

famille, qui leur fait des présents et qui continue
de leur en faire de loin en loin. Ceux qui rendent
ces mêmes honneurs à un grand chef sont honorés
dans toute la tribu; ils prennent le nom de *doua-
nongaite*, et sont généralement choisis parmi les
plus beaux hommes.

Les morts sont enterrés dans l'épaisseur d'un
bois, près du village. Quand il n'y a pas de forêt
dans le voisinage, on conserve une sorte de
fourré composé de quelques arbres, de lianes, de
grands arbrisseaux et de broussailles. La végétation, qui est si forte dans ce pays, réussit d'autant
mieux que l'accès de cette espèce de cimetière est
interdit à tous, et qu'en ces lieux réservés règne
le tabou ou *théeguine* (prohibition ou défense) le
plus absolu.

Les femmes n'accompagnent jamais le mort à sa
dernière demeure ; elles le suivent seulement jusqu'à l'entrée du bois, poussant des cris aigus, se
plaignant de ce qu'il parte sitôt et de l'abandon
dans lequel il les laisse, et elles finissent par lui
dire un dernier adieu. Le jour qui suit, on se
réunit, les femmes continuent à pleurer; mais, à
part les plus proches parents, il n'y a rien de sérieux dans ces larmes qui commencent et tarissent
à volonté ; ensuite on se réjouit; un repas est préparé pour tous les assistants et tous les visiteurs,
mais rarement les vivres sont assez abondants pour

satisfaire l'appétit de tout le monde ; après le repas, on va encore pleurer et pousser un dernier cri de douleur avant de se séparer.

Quand le défunt est un chef, on accourt de toutes parts à la fête funèbre pour pleurer ; les femmes viennent avec des ignames et des taros qu'elles portent sur leur dos dans des paniers de feuilles vertes. Quand tout le monde est réuni, on met le feu à un grand nombre de cases, particulièrement à celle où couchait le défunt ; on abat quelques cocotiers, selon sa fortune ; quelquefois on mutile ces arbres, comme pour marquer qu'après la perte de leurs possesseurs ils ne peuvent plus que languir, dépérir et mourir. C'est encore bien autre chose quand une tribu a perdu son téa. Alors toutes les plantations du village où il résidait sont ravagées, et une année de famine est immanquable. En 1844, Pahili-Pouma vint à mourir. Les démonstrations de douleur furent extrêmes ; non-seulement les dévastations usitées en pareil cas eurent lieu, mais aussi toutes les cases furent brûlées, et la population émigra presque en entier.

Divertissements.

Tout farouches qu'ils sont, les Calédoniens ne haïssent pas les plaisirs et les divertissements. Ils ont même, à certains égards, un instinct assez remarquable de sociabilité. En temps de paix, ils sont toujours en course et se visitent continuellement les uns les autres, de village à village, de tribu à tribu. Quand deux Calédoniens se rencontrent, ils se font même des politesses réciproques; celui qui le premier prend la parole, fait ces questions : « Où vas-tu? d'où viens-tu? que vas-tu faire? » Après qu'il lui a été répondu, il dit ce qui le concerne lui-même.

Ces insulaires aiment la danse et se livrent volontiers à cet exercice; ordinairement, elle a lieu entre deux ou quatre individus. Ces danses sont peu remarquables; dans quelques-unes, ils font des gestes qui ne manquent pas d'expression; ils observent une cadence fort marquée, et cependant ils ne s'accompagnent d'aucun chant ni d'aucun instrument. La danse des femmes est moins légère que celle des hommes, et elle est toujours dirigée par une femme-chef, qui marque la mesure en frappant sur une de ses mains avec un grand morceau d'écorce.

Ils ont, en outre, une grande danse à laquelle prennent part quelquefois plus de cinq ou six cents individus armés de frondes, de lances et de casse-tête, avec lesquels ils font des gestes en suivant une mesure marquée par des sifflements aigus. Le principal chef la marque aussi en frappant la terre avec un gros bambou fermé par les deux bouts, et dont il tire un son assez fort. Quand la danse est finie, ils poussent tour à tour, à la dernière mesure, un cri épouvantable, et s'accroupissent tous au même instant. Dans ces grandes danses, beaucoup d'entre eux portent des masques hideux qui leur grandissent la taille. Ces masques ont d'énormes figures en bois teint en noir, des traits difformes et des rangées de dents faites avec de petites coquilles qui sont collées en dedans de la bouche avec de la gomme résineuse ; d'autres ont les dents formées avec des graines rouges. Cette tête affreuse est coiffée d'une immense perruque surmontée de cette espèce de bonnet cylindrique que portent les grands chefs. Au cou est attaché une sorte de jupon en filet garni et tout couvert de plumes d'oiseau. Les sauvages affublés de ce costume ont leurs yeux à la hauteur de l'énorme bouche du masque, à travers laquelle ils voient assez pour se diriger. Quand cette grande danse a lieu, le soir, près d'un grand feu répandant une lumière ardente, elle offre quelque chose de bizarre et de fantastique.

Ce peuple paraît aimer la musique, si l'on en juge par le plaisir qu'il éprouve en entendant les airs militaires de nos clairons, et ceux joués sur des instruments que possédait l'établissement, et dont quelques-uns des missionnaires, un peu musiciens, tiraient quelque parti. On est même arrivé à leur faire chanter quelques cantiques. Leur unique instrument de musique consiste dans un menu roseau percé de quelques trous et dont ils tirent, en soufflant dans un des bouts, un son faible et monotone privé de toute harmonie.

Costumes.

« Les insulaires, dit le capitaine Cook dans sa relation, étaient complétement nus, à l'exception d'un cordon qu'ils portaient autour de leur ceinture et d'un second autour de leur cou. Le petit morceau d'étoffe de figuier qu'ils replient quelquefois autour de la ceinture, ou qu'ils laissent flotter, mérite à peine le nom de voile ; il est plus déshonnête que décent.

« Cette pièce d'étoffe, qui forme l'unique vêtement des Nouveaux-Calédoniens, est souvent d'une telle longueur qu'ils en attachent l'extrémité à la corde qui est autour de leur cou : plusieurs portaient à cette corde de petits grains d'une pierre néphritique d'un vert pâle, qui est de la même espèce que celle de Tanna, et presque semblable à celle de la Nouvelle-Zélande ; quelques-uns avaient sur leur tête des chapeaux cylindriques noirs, d'une natte très-grossière, entièrement ouverts aux deux extrémités, et de la forme d'un bonnet de hussard : ceux des chefs étaient ornés de petites plumes rouges, et de longues plumes noires de coq en décoraient la pointe. A leurs oreilles, dont l'extrémité est étendue jusqu'à une longueur prodigieuse, et dont tout le cartilage est coupé en deux, comme à l'île de Pâques, ils suspendent une grande quantité d'anneaux d'écaille de tortue, ou bien ils mettent dans le trou un rouleau de feuilles de cannes de sucre. »

Ces détails s'accordent assez avec ceux que nous trouvons dans le journal de la Billardière : « Ces sauvages étaient tout nus, mais ils avaient les parties naturelles enveloppées, soit de morceaux d'étoffe grossière, soit de grandes feuilles d'arbre. Plusieurs avaient la tête entourée d'un petit filet à larges mailles. Nous en vîmes avec surprise un grand nombre qui, voulant sans doute paraître avoir les cheveux très-longs, y avaient attaché deux ou trois tresses faites avec des feuilles de plantes graminées, couvertes de poil de chauve-souris, et qui leur descendaient vers le milieu du dos.

« La plupart de ces insulaires, armés de zagaies et de massues, portaient à la ceinture un petit sac rempli de pierres taillées en ovale qu'ils lancent avec leurs frondes. Le lobe inférieur de leurs oreilles, percé d'un très-grand trou, descendait jusque sur les épaules; quelques-uns y avaient introduit des feuilles d'arbre, d'autres un morceau de bois pour l'agrandir encore davantage. Plusieurs avaient le même lobe coupé par lanières ; il avait probablement été ainsi déchiré dans les combats ou en courant au travers des forêts. Nous remarquâmes, derrière les oreilles d'un de ces sauvages, des tubercules de la forme d'un ris de veau et gros comme la moitié du poing. Il paraissait très-satisfait de nous voir examiner cet ornement. Il l'avait fait croître au moyen d'un mordant qui sans doute lui avait causé pendant longtemps une grande irritation. »

Aujourd'hui, grâce à l'influence des missionnaires, les Nouveaux-Calédoniens convertis au christianisme commencent à se vêtir un peu plus décemment.

Arts manuels.

Avant 1843, époque où les missionnaires et le capitaine Richard sont venus dans la partie septentrionale de l'île, l'usage du fer était à peu près inconnu aux Calédoniens ; ils en avaient cependant vu quelques morceaux, introduits sans doute par les navires qui avaient été au port Saint-Vincent. Ils ont bien vite apprécié l'utilité que pouvait avoir ce métal pour l'exécution de leurs petits travaux usuels, et ils dédaignent maintenant les petites haches de pierre dont ils se servaient auparavant. Ces outils étaient faits en jaspe aminci avec beaucoup de travail ; ils étaient assujettis à un petit manche en bois de fer, à la manière de nos erminettes. Ces pierres sont remplacées maintenant par des bouts de fer laminé et aiguisé à grand'peine à une de ses extrémités sur des cailloux.

On conçoit combien peu ces peuples pratiquent les arts ; il leur faut, pour faire les plus petites choses, un temps infini : mais en revanche ils sont doués d'une patience admirable. Leurs instruments tranchants, indépendamment des haches, sont des morceaux de coquilles d'huîtres perlières, des débris de quartz et d'une sorte de cristal de roche brisé. Ils recherchent maintenant les débris de bouteilles de verre.

Ces insulaires semblent aimer la sculpture, si l'on peut donner ce nom aux grossières figures en bois que l'on rencontre çà et là, et qui ornent spécialement les portes et le sommet des cases des chefs; ils font aussi quelques figurines en bois dur, mal proportionnées. Ce ne sont pas pour eux des idoles, mais de simples jouets. Avec du bois plus tendre ils font les masques grotesques dont ils se servent dans leurs danses.

Excepté quelques lances fabriquées en bois de fer, ils emploient ordinairement à la fabrication de ces armes le palétuvier, qui est beaucoup moins dur, et qu'ils teignent en noir au moyen d'une espèce de vase qu'ils trouvent près des marécages.

Leurs casse-tête sont en bois de fer, qui joint la pesanteur à la solidité ; ils donnent à cette arme des formes bizarres et variées, selon qu'ils les jugent plus formidables et plus dangereuses ; ils en garnissent la poignée (ce qui est un grand luxe) avec une tresse ou un cordonnet fait de poil de chauve-souris.

Les petites pierres ovoïdes dont ces sauvages se servent pour la fronde sont aussi pour eux l'objet d'un long travail; mais ce n'est rien auprès des grains de jaspe, gros comme des balles de pistolet, dont ils font des colliers : aussi c'est le luxe par excellence ; les femmes ne consentent jamais à s'en défaire, n'importe à quel prix.

Ils font de petites cordes, souvent très-fines, avec des filaments d'écorce d'arbre et avec des herbes ; ils fabriquent aussi des étoffes grossières pour servir de nattes dans leurs cases et de voiles à leurs pirogues. Leurs filets sont faits dans la perfection ; ils forment comme nous les mailles sur un rouleau ; les aiguilles, sur lesquelles ils placent une assez grande quantité de fil, sont en bois et ont beaucoup de rapport avec celles dont nous faisons usage pour des travaux semblables. Ces filets n'ont jamais une grande dimension. Ils garnissent de petites pierres une des bandes, pour les faire couler au fond de l'eau, et ils rangent la bande supérieure sur une petite baguette qu'ils tiennent à la main. Quand ils voient de petits poissons se promenant réunis près du rivage ou à l'embouchure des ruisseaux, ils courent après eux et les circonscrivent avec leur filet. On conçoit que cette pêche demande beaucoup d'adresse et une grande habitude; nos marins ont cherché, mais en vain, à en faire usage, et ils n'ont jamais pu parvenir à attraper un seul poisson.

L'art de la poterie n'est pas inconnu à ces insulaires; mais ils ne savent fabriquer qu'un seul objet, c'est le *ta*, cette grande marmite ronde qui leur sert particulièrement à cuire les ignames. Ils emploient pour cela une terre argileuse qui paraît bonne à cet usage, et dont sans doute plus tard ils tireront un meilleur parti; ils la délayent avec soin, et en font un long boudin de deux centimètres environ de diamètre, qu'ils roulent en spirale et arrondissent ensuite avec la main, en lui donnant la forme désirée; quand cette forme est obtenue, ils unissent et frottent la terre avec la main mouillée, en dedans et en dehors; puis ils l'enduisent avec une résine, souvent liquide, qui ressemble à du vernis, et ils opèrent enfin la cuisson.

Telle est la situation actuelle de la Nouvelle-Calédonie; c'est au milieu de cette société encore à demi sauvage, sur ce terrain à peine défriché qu'il nous faut nous établir. L'état social du pays et les dispositions des habitants se sont un peu améliorés sous l'influence salutaire du christianisme ; toutefois il reste encore beaucoup à faire pour que cette île devienne une colonie placée dans les conditions ordinaires de la colonisation, c'est-à-dire pour qu'elle offre une sécurité suffisante aux colons et au commerce. C'est à quoi tendent les efforts du gouvernement et les divers projets de colonisation que nous allons maintenant examiner.

CHAPITRE III.

COLONISATION DE LA NOUVELLE-CALÉDONIE.

Plan de colonisation du P. Paulmier (1665).

Voici en quels termes l'abbé Paulmier, homme d'un grand sens et d'une grande charité, excitait la France à évangéliser d'abord et à civiliser ensuite ces *terres australes* qu'il ne craignait pas d'appeler un troisième monde, et auxquelles il présageait un important avenir. Son livre, publié en 1665, paraîtrait écrit d'hier, n'était le style, qui a un peu vieilli ; il semble avoir servi de programme aux missionnaires du xixe siècle, aux sociétés qui se sont formées sous leur inspiration, et même, à certains égards, aux récents arrêtés du ministre de la marine et des colonies.

« Il nous reste à délibérer, dit l'abbé Paulmier, si on entreprendra la conversion d'un pays si spacieux et si peuplé d'âmes raisonnables et capables de comprendre nos saints mystères.

« La résolution est bien aisée à prendre ; car ce précepte fondamental de la loi évangélique, d'aimer notre prochain comme nous-mêmes, nous met dans l'obligation, non-seulement de lui souhaiter du bien, mais aussi de lui en procurer de tout notre pouvoir. Et, comme le salut est le plus grand, ou plutôt le seul bien qui puisse arriver à l'homme, c'est donc particulièrement en ceci que nous devons tâcher de rendre service à nos frères.

« Planter la croix avec l'épée, continuait le digne prêtre, est une procédure contraire à la charité. Ces troupes armées et ces grandes peuplades dont nos modernes escortent les prédications qu'ils envoient dans les nouvelles découvertes sont en quelque façon nuisibles à la propagation de la doctrine qu'elles annoncent. Il vaut mieux prendre une voie plus douce, enseignée par Jésus-Christ, frayée par les apôtres, approuvée par l'Église, à savoir celle d'une mission entièrement détachée des désirs de l'usurpation et, autant qu'il se peut, de l'embarras d'une nombreuse colonie. Il y a d'autant plus de raison de s'attacher à une mission de cette sorte, que les frais qu'elle demande ne sont point si excessifs qu'ils ne puissent être commodément fournis par quelques particuliers qui voudraient s'associer pour la glorieuse entreprise d'un si saint et si généreux dessein.

« Les peuples à la conversion desquels on travaille se trouvent mieux édifiés, ne voyant que des prédicateurs; leurs princes en conçoivent moins de jalousie, et même, pour peu qu'ils aient de politique et de forces, ils n'endurent pas qu'une grosse troupe d'étrangers vienne planter le piquet dans leur territoire. Tout ce qu'on doit raisonnablement attendre d'eux est qu'ils souffrent quelques missionnaires pour instruire leurs sujets et quelques facteurs pour la commodité du commerce qu'il faut que notre Europe entretienne avec eux, afin que la considération de l'utilité et du profit que ces royaumes trouveront dans l'échange de leurs denrées avec celles que nos vaisseaux leur porteront les oblige à permettre plus volontiers la prédication de l'Évangile, et afin aussi qu'à la faveur du trafic et par le moyen des secours qu'on en tirera, on puisse plus facilement faire subsister ces missions et les rafraîchir de temps en temps d'ouvriers nécessaires. »

Le respectable auteur des observations que l'on vient de lire, entrant davantage encore dans le sujet, et prophétisant en quelque sorte le mode de colonisation future, traçait de la manière la plus nette et la plus satisfaisante la marche à suivre pour arriver à ce double résultat.

« En ce rencontre, disait-il, il faut envoyer avec les ecclésiastiques quelques gens de bras pour cultiver autant de terres qu'il en sera requis pour les aliments de ceux qui composeront cette mission, afin que toute cette troupe vive sans être à charge aux originaires, et qu'elle se garantisse des désordres où l'on a vu tomber quiconque a négligé cet innocent moyen de se maintenir dans les terres récemment découvertes.

« Il sera bon d'embarquer avec eux divers artisans choisis entre ceux dont les métiers sont le plus commodes à la vie, comme sont les charpentiers, les menuisiers et tous ouvriers entendus à la texture, à la forge et à choses semblables.

« Il ne faudra pas oublier de mêler en même temps un petit nombre de personnes entendues en médecine, pharmacie et chirurgie..., lesquelles ont accoutumé d'être fort gracieusement reçues par les Indiens, qui les chérissent à cause des assistances qu'ils en tirent.

« Il serait à souhaiter qu'on mît dans la troupe destinée pour la mission australe quelques-uns qui sussent toucher divers instruments de musique, étant presque incroyable combien toutes les nations indiennes en sont charmées, elles qui ne cherchent que la joie et le divertissement, et chez qui l'harmonie a quelquefois produit des mouvements merveilleux.

« Il faut encore faire état de faire passer dans le troisième monde quelques gens de mer pour y gouverner une grosse barque qu'il conviendrait de laisser par là pour le service de ceux qui composeront le corps des ouvriers évangéliques de la terre du midi. Ceci est d'une haute importance. Une habitation placée dans ces contrées étrangères et dépourvue de barque est un corps sans âme. Sans barque, on ne peut commodément aller et venir en divers lieux qui peuvent avoir besoin des missionnaires ; et, avec une barque, on peut promptement recouvrer ce qui manque à l'habitation et amasser des marchandises suffisantes pour faire la charge des vaisseaux qui, de temps en temps, seront envoyés d'ici là pour rafraîchir d'hommes et de secours ceux de la mission australe.

« Considérant ces diverses personnes, ajoutait l'auteur du mémoire que nous avons tant de plaisir à citer, et regardant à proportionner leur nombre au travail auquel on les destine, on pourra juger que la troupe australe ne doit pas être moindre de soixante à quatre-vingts têtes.

« Et quant à la dépense, elle peut se réduire à trois chefs : la dépense par deçà, la dépense par delà, la dépense d'ici là.

« *Par deçà :* Il faut chercher soixante, quatre-vingts, cent ou cent vingt personnes ; les défrayer durant quelques semaines en attendant l'embarquement ; fournir les habits, meubles, ustensiles, outils, médicaments, livres, ornements, calices ; faire provision de vivres, d'armes et de munitions pour la défensive ; avoir une patache de soixante à quatre-vingts tonneaux, en compagnie du navire, ou du moins une bonne barque lestée de briques, tuiles, chaux et bois de charpente, afin qu'en arrivant on ait tous les matériaux nécessaires pour un logement.

« *Par delà :* Si l'on fait un choix judicieux du lieu où l'on s'établira, si l'on veut cultiver la terre, si l'on a soin que les artisans travaillent, si l'on observe les moyens de faire subsister la mission, on peut tenir pour très-assuré que cette mission ne coûtera rien à l'Europe, sinon peut-être quelques livres, des ornements sacrés, et quelques autres choses que ces terres seront obligées d'emprunter aux royaumes chrétiens et policés.

« *D'ici là :* La dépense consiste à équiper un bon vaisseau d'un port raisonnable, frété comme il appartient pour un voyage de long cours et armé suffisamment pour essuyer les attaques des corsaires qui peuvent se rencontrer sur la route, et dûment équipé de tous ses agrès, avec ancres, voiles et cordages. Il faut compter quatre-vingts, quatre-vingt-dix ou cent, tant matelots que soldats, pour conduire, défendre et manœuvrer ce vaisseau et le ramener en France : tous lesquels tireront gages, et pour lesquels il sera besoin de victuailles et de munitions de bouche.

« Le détail de toute cette dépense fait assez connaître qu'elle demande de charitables contributions de plusieurs, et toutefois qu'elle n'est point si excessive qu'elle surpasse les forces de quelques particuliers accommodés qui désireraient acheter le ciel aux dépens d'un bien périssable, souvent consommé en choses vaines et superflues, et qui aspireraient à gagner autant d'intercesseurs en Jésus-Christ qu'il y aura d'âmes converties dans le troisième monde jusqu'à la fin des siècles. »

Après avoir ainsi envisagé la question sous toutes ses faces, le bon prêtre revenait à l'idée d'une association qu'il avait exprimée dès le principe, et qui lui semblait avec raison le seul moyen de réaliser ses belles et religieuses espérances. Il admettait dans cette association, et des hommes entièrement détachés des intérêts d'un gain temporel, et ceux qui, se trouvant arrêtés par les chaînes de leurs affaires domestiques, ne refuseraient pas d'y apporter du leur, à la charge que, après un ou plusieurs voyages, ils pourraient reprendre le capital de leurs avances; et enfin, pour se faire tout à tous, ceux qui prétendraient retirer et leur apport principal et le profit qui résulterait des voyages. Il insistait particulièrement sur les qualités que devait avoir le directeur de l'entreprise : de la sagesse pour bien conduire un projet de cette conséquence, du zèle pour y travailler infatigablement, de la piété pour attirer la bénédiction du ciel, quelques talents pour y gagner plus facilement créance, et encore une réputation de vie exemplaire fortement établie, « afin qu'il ne puisse pas y avoir même le moindre soupçon de divertissement ou de mauvais usage des effets de la société. » Il pensait que quelques-uns des directeurs devaient être des ecclésiastiques. Il voulait, du reste, qu'ecclésiastiques ou laïques fussent en partie *continuels*, en partie *muables*. « Il en faut de la première sorte, disait-il, afin d'avoir des hommes plus consommés pour la diversité des expériences, et afin que les desseins soient stables et permanents, mieux suivis et moins changés ou altérés. Il est bon d'en avoir de la seconde espèce, afin que, par cette mutation de quelques-uns, chacun ou la plupart des associés puissent participer à l'administration commune, et que la compagnie puisse ressentir quelque chose de cette agréable chaleur qui de coutume accompagne ceux dont les emplois ne sont que passagers.

« L'Europe, disait le P. Paulmier en terminant son intéressant mémoire, l'Europe est la place d'armes de la religion catholique, et notre France doit se piquer d'une sainte ambition de mettre la première pierre au nouvel œuvre. »

Ces pressentiments de gloire nationale et de triomphes pour le christianisme ne furent pas de vaines espérances. L'Océanie a été féconde et pour l'honneur de la France et pour la propagation de la foi. Un intervalle de près de deux siècles a séparé le plan de l'exécution ; mais cette noble tâche est poursuivie désormais avec un zèle infatigable et une active émulation par l'État et par l'Église, unis dans un but commun et associant leurs efforts pour arborer dans les mers australes la croix qui plus d'une fois a servi de hampe au drapeau de la France.

Société de commerce de l'Océanie.

Cette alliance du commerce et de l'apostolat, rêvée il y a deux cents ans par un prêtre français, a été tentée de nos jours par la Société de l'Océanie, qui s'est formée, il y a quelques années, pour l'établissement de colonisations chrétiennes et pour le développement du commerce européen avec les pays d'outre-mer. Cette compagnie, formée d'armateurs, d'actionnaires et de membres ecclésiastiques, avait son siége au Havre ; mais la direction appartenait en réalité à un conseil siégeant à Paris. Le compte rendu d'une séance du Cercle catholique, en 1845, nous apprend dans quel esprit s'était formée cette compagnie, à la fois commerciale et religieuse : « Jalouse d'éloigner jusqu'au soupçon de l'esprit de lucre et de cupidité, dit un rapporteur, elle s'est constituée sur des bases qui interdisent à ses actionnaires toute pensée de spéculation. Ceux-ci ne doivent recueillir que l'intérêt légal de leur argent : le reste des bénéfices demeure applicable à l'extension des affaires de la Société. »

Toutefois, si les représentants de l'Océanie repoussaient le titre exclusif de négociants, ils n'exagéraient pas non plus le détachement des intérêts temporels. Ils avaient admis en principe que « les agents de la Société seraient infiniment mieux accueillis des naturels si, au lieu de leur apparaître dans un dénûment évangélique dont ils ne sauraient pas apprécier le mérite et la grandeur, ils arrivaient sur un beau navire bien muni d'objets d'échange, et pouvant entrer immédiatement avec eux en négoce. Ainsi, tout en demeurant complétement distincte, dans la pratique, de l'entreprise commerciale, l'œuvre religieuse devait s'appuyer sur elle et s'en servir comme d'un moyen efficace. Dès 1844, la Société de l'Océanie avait déjà expédié dans les mers du sud trois bâtiments, sans compter les navires de la Société baleinière qui s'était associée à cette entreprise. Les encouragements ne manquaient pas à la compagnie. En 1845, M. le baron Rendu, un de ses plus ardents zélateurs, faisait un voyage à Rome. Dans une audience particulière qu'il obtint du saint-père, le pape Pie IX, après s'être fait rendre compte de l'œuvre, s'écria : *Ah! riconosco l'ardore francese!*

Et en même temps il donnait aux membres de la Société une lettre pleine de bienveillance et d'encouragements.

Les directeurs s'étaient mis aussi en rapport avec les supérieurs des missions pour la propagation de la foi. En 1846, le R. P. Collin, supérieur de la congrégation des PP. maristes, dans une lettre adressée au capitaine Marceau, commandant *l'Arche-d'Alliance*, définissait en ces termes le but que se proposait la Société de l'Océanie : « Elle veut favoriser la propagation des principes chrétiens et répandre parmi les populations océaniennes les bienfaits de la civilisation et de l'industrie européennes. Pour atteindre ce double but, elle se propose de placer insensiblement dans chaque archipel nouvellement converti à la foi un dépôt de différents objets et marchandises d'Europe, d'établir dans ces archipels des Européens d'une probité et d'une vertu reconnues, pour soigner les affaires temporelles et opérer des échanges avec les indigènes. Or, qui ne sentira les immenses avantages qui vont être en Océanie le résultat de cette mesure? Le besoin de se procurer quelques objets d'art et d'agriculture va mettre les insulaires en rapports continuels avec ces hommes honnêtes et laborieux venus d'Europe. Peu à peu ils s'habitueront à la douceur de leurs mœurs, à leur vie active; ils apprendront d'eux l'art de cultiver la terre et divers métiers ; bientôt ils comprendront tout l'avantage qui résultera pour eux des échanges que vous leur offrirez ; ils s'efforceront de se mettre dans le cas de les augmenter en se procurant par leur industrie les objets que vous accepterez en retour. Dès lors, j'aperçois une population plus active, plus soucieuse de la prospérité de son sol ; et cette paresse, si ordinaire aux Océaniens, disparaît avec tous les désordres qu'elle entraîne à sa suite.

« Que ne gagnent pas la foi et les bonnes mœurs à cet ordre de choses ! Les missionnaires n'auront plus qu'à faire connaître Jésus-Christ. Ils ne seront plus obligés de consacrer de précieux moments à toutes sortes de métiers ; ils seront dispensés de l'embarras d'embarquer avec eux une quantité d'outils de tout genre, de faire des provisions en calicot et autres objets pour les insulaires ; ils trouveront à moins de frais ces différents objets dans les dépôts de la Société française.

« La Société se propose encore d'entretenir, indépendamment des deux ou trois bâtiments principaux qui feront la traversée d'Europe en Océanie, d'autres petits bâtiments destinés à rester dans ces parages et à lier les différents archipels entre eux.

« Qui ne verra dans cette sage mesure le moyen le plus efficace de hâter la propagation de l'Évangile dans l'Océanie? Quelle douce consolation pour le vicaire apostolique de pouvoir profiter de ces petits bâtiments pour visiter les diverses stations de son vicariat, pour secourir à propos les missionnaires qu'il aura dispersés dans les différentes îles plus ou moins éloignées! Ah! que ne puis-je voir cet excellent projet promptement réalisé! Alors cesse en partie cet isolement qui tue le missionnaire, au milieu d'une population sauvage, par l'incertitude s'il sera visité et quand il le sera. Ces petits bâtiments, si utiles aux missionnaires, serviront également à transporter d'une île dans une autre et à réunir sur les mêmes lieux les divers objets qui peuvent entrer dans les vues de notre commerce, etc. »

Études et projets de colonisation.

Le gouvernement français se préoccupait, de son côté, du parti qu'il pouvait tirer un jour de l'archipel de la Nouvelle-Calédonie. Il se faisait adresser par les divers commandants des stations des rapports sur l'état de cette contrée et sur les avantages qu'elle pourrait offrir, comme station maritime ou comme établissement pénitentiaire. Le mémoire du capitaine La Ferrière, indépendamment de détails topographiques très-détaillés sur l'intérieur de l'île, contenait aussi des renseignements précieux sur les ressources du pays et sur la possibilité d'y fonder des établissements. M. La Ferrière jugeait que l'île était dans d'excellentes conditions de climat et de salubrité, et qu'elle offrait même des chances pour des établissements de commerce. Mais il se prononçait contre la station de Balade comme centre de ces établissements, ce port étant situé à la pointe extrême de l'île et trop éloigné des escales commerciales visitées par les navires marchands.

Le rapport du commandant Lecomte, au contraire, n'est pas favorable au projet d'établissement et de colonisation, du moins par l'État. M. Lecomte, en terminant son mémoire sur la Nouvelle-Calédonie, ajoutait comme conclusion :

« Je satisferai peut-être les personnes qui me liront en leur faisant connaître ma pensée sur les causes de l'isolement où s'est trouvée la Nouvelle-Calédodonie, au milieu de tant d'îles moins belles et moins considérables fréquentées par les voyageurs, sur l'état présent de cette contrée et l'avenir probable qui lui est préparé.

« Dans les îles de l'Océanie centrale et dans celles au nord de l'équateur, telles que les Sandwich, quand les premiers navigateurs y arrivèrent, ils trouvèrent des peuples intelligents qui avaient une civilisation dans un état plus ou moins avancé; tout sauvages qu'ils étaient, ils savaient se vêtir en partie, bâtir, ainsi qu'aux îles Fidji et Hapay, de grandes et superbes cases; avec des outils très-imparfaits, ils construisaient ces grandes et belles pirogues doubles qui nous étonnent encore aujourd'hui, et avec lesquelles ils osaient aller d'un archipel à l'autre. A Ohihée, à Taïti, Tonga, Vavao, etc., on trouvait le moyen de rafraîchir les équipages; au moyen d'objets d'échange, on pouvait s'y procurer en abondance des cochons, des poules et des fruits. La pêche des perles a fait fréquenter les Pomoton et autres petits archipels dangereux; l'amour du gain a fait tout braver, et l'on trouve dans ces îles si nombreuses des Européens domiciliés qui sont devenus des pilotes au milieu de tous ces coraux. Aujourd'hui des centaines de navires de toutes les nations traversent et sillonnent le grand Océan dans toute son étendue et dans ses recoins, où ils poursuivent l'énorme cétacé qui un jour, si cela continue, aura disparu du sein des vastes mers. Les baleiniers vont en relâche et se rencontrent souvent en grand nombre dans toutes les îles mentionnées plus haut, où ils trouvent des provisions et des rafraîchissements. Qu'iraient faire tous ces marins à la Nouvelle-Calédonie, dans cette île signalée par les récifs nombreux et dangereux qui l'entourent, et où ils trouveraient une population qui ne pourrait pas même leur offrir des fruits? Depuis quelque temps, un petit nombre d'armateurs de Sydney y vont couper du bois de sandal ; celui voisin du rivage ne peut tarder à être épuisé, et ce bois offrira bientôt plus de difficultés à être exploité qu'aux Nouvelles-Hébrides, où il y a moins d'écueils à braver et plus de ressources. La Nouvelle-Calédonie est donc restée isolée, non pas seulement à cause de ses abords difficiles, mais aussi parce que la spéculation n'y a rien trouvé à faire ; car, si un intérêt majeur y avait conduit, ces rivages auraient été bien vite convenablement explorés.

« Tel doit être le but actuel des missionnaires : d'améliorer le sort des habitants, de les civiliser un peu, de les faire se vêtir et se nourrir plus convenablement ; cultiver le coton, qui y réussit parfaitement, et ensemencer du riz de montagne, comme on le fait à Madagascar, ainsi que du maïs ; car, dans ce climat intertropical, il ne faut pas songer à nos céréales. On peut y élever de nombreux troupeaux ; mais le produit des peaux et des laines y est trop douteux pour qu'un spéculateur y aille faire des tentatives qui ne supporteraient pas la concurrence avec les produits de la Nouvelle-Hollande, de la terre de Van-Diemen et de la Nouvelle-Zélande, grands et immenses pays où l'on trouve un climat analogue à celui de notre Europe méridionale, où l'émigrant peut, s'il est entreprenant et cultivateur, reprendre sa charrue et tailler ses vignes, et dont les belles plaines sont déjà couvertes par des troupeaux innombrables.

« La Nouvelle-Calédonie est donc destinée à rester isolée dans les mains des missionnaires ; car qui peut convoiter sa possession? L'Angleterre? Eh mon Dieu! elle a plus de pays qu'elle n'en peut faire exploiter, et il n'y a là et il ne peut y avoir aucun débouché manufacturier, puisqu'il n'y a pas de moyens probables d'échanges. Quelle est la nation qui tentera de s'établir sans intermédiaire à quatre ou cinq cents lieues plus loin que les grands établissements anglais de la Nouvelle-Galles du sud, qui ont un avenir immense, où l'industrie se développe rapidement, et où les idées d'indépendance se propagent de manière à effrayer la métropole anglaise? »

Comme on le voit, M. Lecomte est opposé au projet de colonisation de la Nouvelle-Calédonie : mais nous devons rappeler que son mémoire date de 1846, et que l'état du pays a singulièrement changé depuis cette époque.

En regard des conclusions un peu pessimistes du capitaine Lecomte, nous allons mettre un rapport un peu optimiste peut-être d'un autre officier de marine : c'est un plan d'exploration d'abord, puis de colonisation de la Nouvelle-Calédonie, qui a été soumis à l'administration, dans ces derniers temps, par M. Pigeard, enseigne de vaisseau, attaché à la station navale de l'Océanie [1]. Cette étude a contribué, sans doute, à faire prendre au gouvernement la détermination de faire de la Nouvelle-Calédonie, non-seulement une station maritime, mais une véritable colonie commerciale, industrielle et agricole.

« La Nouvelle-Calédonie, dit M. Pigeard, a soixante-dix lieues du sud-est au nord-ouest, et douze ou quinze lieues de l'est à l'ouest. De grandes plaines dont la base est de formation coralligène (ainsi que l'indiquent les bancs nombreux de madrépores qui ceignent cette île dans tous les sens), s'étendent depuis la mer jusqu'au pied des montagnes, sur une largeur de un à trois milles. Couvertes pour la plupart d'une herbe haute semblable à celle dite de Guinée, ces plaines, qu'arrosent une multitude de torrents, ne demanderaient qu'un bien faible travail pour devenir de magnifiques prairies ou des rizières fertiles. Le versant des montagnes offre de belles forêts où se pressent en foule des arbres gigantesques, propres à la construction des navires.

« Le terrain semble sablonneux jusqu'au pied des chaînes; mais, en le remuant légèrement, on rencontre presque aussitôt une couche épaisse de terre

---

1. *Aperçu des ressources commerciales et agricoles de la Polynésie.* (*Revue coloniale*, tome XCIII de la collection.)

végétale friable propre à la culture. En s'élevant sur les montagnes, le sol est pierreux, varié, d'une nature demi-argileuse, mêlé ordinairement de quelques parties d'un sable rougeâtre ; l'air devient plus vif, la température baisse, et l'on voit la nature revêtir une foule de nuances différentes.

« On peut dire, en un mot, que la variété des terrains, des températures et des expositions permettrait de cultiver sur une grande échelle, à la Nouvelle-Calédonie, toutes les plantes exotiques de la zone torride, et la presque totalité de celles des climats tempérés.

« Si nous en exceptons quelques grandes masses de granit, groupées de distance en distance sur les montagnes, presque toutes les pierres sont des quartz laiteux ou demi-transparents, de couleurs variées, dont quelques-unes ont la limpidité et la finesse du cristal de roche, et des schistes tellement remarquables par le mica brillant qui les couvre, que nous les avons souvent pris à distance pour des minéraux de valeur.

« Différents voyageurs assurent que les montagnes de la Nouvelle-Calédonie recèlent des métaux et des pierres précieuses. Nous avons bien trouvé quelques minerais de fer et des morceaux d'amphibole verte assez remarquable ; mais rien de plus pour confirmer cette assertion, qui se vérifierait peut-être avec des recherches suivies et intelligentes.

« Nous avons vu des argiles rouge et verte d'excellente qualité, dont les naturels font des vases remarquables par leur finesse et leur solidité.

« Ce qui nous a le plus frappé dans le règne végétal est un parfum agréable répandu dans presque toutes les plantes, depuis l'herbe la plus humble des prairies jusqu'aux arbres magnifiques des forêts. Cette particularité remarquable semble séparer nettement la flore de la Nouvelle-Calédonie de la flore polynésienne, en la rapprochant de celle des Moluques et de l'Inde.

« Parmi les grands végétaux figurent en grande quantité le bois de sandal, qui n'a nulle part été exploité et qui pourrait fournir une branche lucrative de commerce; le pin colonnaire, d'une contexture plus serrée que le pin de nos climats, qui donnerait de magnifiques pièces de mâture et de construction; le teck, qui fait une des richesses de l'Inde; le palateb, le mou, etc., qui jouissent plus ou moins des mêmes avantages de solidité; enfin une foule d'épices à l'état sauvage, que nos faibles connaissances en botanique ne nous ont malheureusement pas permis de classer....

« Une rivière large, et navigable pour de petits bâtiments jusqu'à quatre ou cinq lieues de son embouchure, se jette dans la mer vers l'extrémité nord de l'île. Nous avons exploré cette rivière, pris des informations et parcouru dans une grande longueur la belle vallée de Koko qu'elle arrose, et notre opinion serait qu'elle forme, dans une moitié de l'île au moins, un bassin terrestre d'une grande fertilité.

« Ajoutons, pour ce qui touche à la salubrité, que l'effet du climat sur les constitutions étrangères s'est borné, dans l'espace de trente jours, à quelques migraines et enflures du visage, résultant de travaux au soleil. On distingue deux saisons, la sèche et la pluvieuse ; les vents généraux sont souvent très-violents, particulièrement dans les mois de novembre, décembre et janvier. Les vents généraux de l'E.-S.-E. dominent en toute saison ; souvent ils y soufflent grand frais. Pendant les nuits, à la côte occidentale de l'île, ils inclinent vers l'E.-N.-E. Quand les brises sont faibles, le vent, pendant la nuit, passe au N.-E. et au N. ; alors les montagnes se couvrent de nuages et les pluies arrivent. Elles sont rares, mais abondantes. Quelquefois le tonnerre gronde, mais ce n'est pas quotidien comme on le remarque dans les régions analogues, et rarement l'air y est chargé d'électricité. A l'époque des nouvelles et pleines lunes, dans la saison chaude, les vents soufflent quelquefois avec violence du N.-O. au S.-O., mais rarement ils durent plus de quarante-huit heures, et ils sont suivis de beaux jours pendant lesquels les vents généraux règnent.

« Le climat de la Nouvelle-Calédonie est très-tempéré, eu égard à sa latitude ; la température varie de 26 à 29° le jour, et de 22 à 25° la nuit, dans les circonstances ordinaires de petites brises ; quand la déclinaison du soleil est boréale, la chaleur y est très-supportable et les nuits y sont fraîches et même froides.

« Considérée dans son état actuel, la Nouvelle-Calédonie présente une terre vierge, à peine effleurée par la main de l'homme, et qui, bien qu'heureusement favorisée par la nature sous tous les rapports, demanderait des travaux longs et suivis pour devenir productive. La position géographique, qui la met aux portes de plusieurs grandes colonies anglaises et à petite distance du continent, lui donne une sérieuse importance politique, si l'on considère qu'avec la possession d'îles à l'est elle pourrait nous assurer une croisière sûre et lucrative, en cas de guerre dans toute l'Océanie centrale, en ménageant à nos escadres des ports au vent et sous le vent pour se ravitailler.

« Mais, si cette île peut devenir un point militaire, elle n'est pas moins destinée, selon nous, à figurer comme colonie commerciale importante. La variété des terrains et des températures, la multitude des rivières et des plaines, les richesses minéralogiques qu'elle renferme dans son sein, en sont des garants certains ; les principales ressources et les objets de commerce qu'on en pourra tirer sont : l'exploitation des pins colonnaires, du sandal, du teck et des nombreuses essences d'arbres qui abondent dans les forêts, la culture du café, des épices, et généralement de tous les produits coloniaux ; la pêche du corail et des trépans ou aulothuries, aliment aphrodisiaque très-recherché des Chinois.

« Un commerce suivi pourrait donc s'établir, d'une part avec la Chine, qui prendrait le riz, le sandal, les trépans et tous les bois précieux ; de l'autre avec la Nouvelle-Hollande et l'île Bourbon, qui accepteraient les denrées coloniales en transit.

« Les bâtiments, en retour, apporteraient des bestiaux, des graines, des plants d'arbres utiles, des instruments aratoires, après avoir laissé la partie principale de leur chargement à Sydney ou à Hobart-Town. Plus tard ces mêmes bâtiments pourraient varier leurs envois, et la Nouvelle-Calédonie devenir le point central d'où partiraient vers toutes les parties de la Polynésie les troupeaux, les étoffes et les éléments divers de civilisation. »

Ainsi, quelles que soient les difficultés que présente la colonisation de la Nouvelle-Calédonie, l'auteur du rapport était tellement convaincu des avantages de tout genre qui pourraient résulter de sa possession, qu'il a cru pouvoir tracer lui-même la marche à suivre pour cette entreprise. Il est hors de doute que ce projet, ainsi que les rapports adressés plus récemment au ministre de la marine par les commandants des navires qui ont stationné à la Nouvelle-Calédonie, et notamment par M. d'Harcourt, commandant de *l'Alcmène*, a servi de point de départ à la tentative de colonisation qui vient d'être faite dans ce pays.

Les officiers de marine chargés de la reconnaissance des côtes ne se sont pas contentés de relever sur leurs cartes le plan des mouillages et des renseignements hydrographiques; quelques-uns ont conclu à l'occupation par la France de cette île, qui serait, disent-ils, un lieu favorable de déportation. La nature du sol permet d'espérer qu'au bout de deux ou trois ans la colonie serait en état de suffire à ses besoins, et bientôt même d'entretenir un commerce actif avec les groupes d'îles voisins, de servir au ravitaillement des baleiniers, et d'offrir de nombreuses ressources aux navires qui trafiquent avec la Nouvelle-Zélande, la Nouvelle-Hollande, la terre de Van-Diémen, etc. La protection de la colonie pourrait être assurée par notre escadre de Taïti et par les navires de guerre qui parcourent la mer du Sud et l'Océan.

Le bois sur pied se trouve facilement, et il ne faudrait pas plus de quinze jours ou trois semaines pour élever des maisons et des établissements, hangars, magasins, blockhaus, où les colons et leurs approvisionnements seraient à l'abri des intempéries des saisons et de toute attaque.

La fondation de cette colonie ne saurait rencontrer d'obstacles sérieux. Bien que les indigènes soient anthropophages, comme ils ne connaissent point les armes à feu, et n'ont point de gouvernement régulier, comme à Taïti, ils seraient vite domptés ; d'ailleurs, les missionnaires qui les ont visités les premiers, et qui ont pu s'établir au milieu d'eux, ont déjà modifié leurs penchants sauvages.

On a calculé que la Nouvelle-Calédonie pourrait recevoir facilement une population de dix à douze mille déportés avec leurs familles, non pas tout de suite, mais graduellement. Or, ce chiffre est déjà plus considérable que la population totale de nos bagnes, transférés aujourd'hui dans la Guiane française, sur une côte basse, malsaine, offrant en un mot beaucoup moins d'avantages et de sécurité que la Nouvelle-Calédonie.

Lors de la discussion qui eut lieu en 1850 à l'Assemblée législative sur la déportation, la Nouvelle-Calédonie fut désignée déjà comme une des îles qui seraient les plus propres à recevoir nos établissements pénitentiaires. Sa situation au milieu d'une ceinture de récifs, qui la rend difficilement abordable et permet d'en surveiller facilement les approches, la salubrité de l'air, privilége des terres hautes, la possibilité d'y acclimater les habitants et les productions des pays tempérés, la rendent, à n'en point douter, de beaucoup préférable à tous nos autres établissements de déportation. Aussi le gouvernement français a-t-il fait faire de nouvelles études à la suite desquelles il s'est enfin décidé à occuper militairement et à déclarer possession française l'archipel de la Nouvelle-Calédonie.

Prise de possession de la Nouvelle-Calédonie (Septembre 1853).

Le *Moniteur officiel* du 14 février dernier contenait la note suivante :

« Le gouvernement français était désireux depuis longtemps de posséder dans les parages d'outre-mer quelques localités qui pussent au besoin recevoir ses établissements pénitentiaires.

« La Nouvelle-Calédonie lui offrait toutes les conditions désirables.

« En vertu des ordres de l'Empereur, le ministre de la marine et des colonies a prescrit, le 1er mai dernier, à M. le contre-amiral Febvrier-Despointes, commandant en chef des forces navales françaises dans l'océan Pacifique, de se diriger vers la Nouvelle-Calédonie.

« Conformément aux instructions qui lui avaient été transmises, le contre-amiral Febvrier-Despointes, après s'être assuré que le pavillon d'aucune nation maritime ne flottait sur la Nouvelle Calédonie, a pris solennellement possession de cette île et de ses dépendances, y compris l'île des Pins, au nom et par ordre de S. M. Napoléon III, empereur des Français[1].

« Aussitôt que le pavillon de la France a été arboré sur les terres de la Nouvelle-Calédonie, il a été salué de vingt et un coups de canon et des cris répétés par l'état-major et l'équipage de : *Vive l'Empereur !* »

Les rapports officiels constatent que cette prise de possession s'est effectuée non-seulement avec les formalités légales usitées en pareille circonstance, mais sans résistance aucune de la part des naturels. Toutefois, l'on a dû prendre provisoirement des mesures défensives en cas d'attaque, et jusqu'à présent l'occupation de l'île est toute militaire, en attendant qu'elle puisse être soumise au régime ordinaire de nos autres colonies.

Des correspondances particulières nous donnent quelques nouveaux détails sur la manière dont s'est opérée cette prise de possession.

L'amiral Febvrier-Despointes était en station à Taïti lorsqu'il reçut du gouvernement l'ordre d'occuper la Nouvelle-Calédonie. Il s'embarqua sur le

---

1. Voy. aux Documents officiels la copie des procès-verbaux de la prise de possession.

steamer de guerre *le Phoque*, de vingt-huit canons, et cingla vers la partie nord-ouest de l'île, où s'élevait la station des missionnaires. C'était la première fois qu'un navire à vapeur paraissait sur ces rivages. Aussi les sauvages le regardaient-ils avec un étonnement mêlé d'admiration. Ils couraient aux missionnaires en leur disant : « Un monstre marin marche sans voiles contre le vent; il gronde avec fureur; il fait écumer la mer, et il a trois mâts, dont un au milieu qui brûle. » Les pères leur expliquèrent que c'était un *steamer*. Bientôt le navire s'arrêta, une embarcation alla arborer le drapeau tricolore sur le sol; vingt et un coups de canon furent tirés, et le pays fut déclaré possession française.

En France et en Angleterre, la presse et l'opinion publique, préoccupées par les graves complications de la guerre d'Orient, n'ont fait que signaler la prise de possession de la Nouvelle-Calédonie; mais en revanche cette nouvelle a causé une émotion assez vive dans les colonies anglaises de l'Océanie, et a éveillé surtout l'attention du gouvernement si ombrageux de la Nouvelle-Galles du sud. La presse de Sydney en a pris texte pour accuser l'incurie du gouvernement anglais et ses prétendues concessions à une puissance rivale.

« L'occupation par les Français de la Nouvelle-Calédonie, disait le *Sydney-Herald*, a causé ici une sensation considérable. Cet archipel forme un arc presque concentrique et parallèle à la côte orientale de la Nouvelle-Hollande, et n'en est éloigné que de quelques jours de navigation. Les Français sont maintenant en possession des îles Marquises, de celles de la Société, de Paumotus, des îles australes et du groupe calédonien. Il est aisé de prévoir qu'avant longtemps ils se mettront en possession des îles de Tonga, et alors ils seront solidement postés sur la mer Pacifique, depuis les côtes de l'Australie jusqu'à l'extrémité orientale de la Polynésie. Nous, Anglais, quoique notre intercourse soit considérable sur ces mers, nous n'avons pas un seul port au nord de la Nouvelle-Zélande. Nos opérations commerciales et maritimes dans l'océan Pacifique ne se trouvent donc pas dans une situation satisfaisante. »

Après avoir ainsi témoigné de sa mauvaise humeur, le *Sydney-Herald* cite, à l'appui de ses griefs, la lettre d'un de ses correspondants, qui compare, comme importance, la Nouvelle-Calédonie à Saint-Domingue, et qui prétend que cette île doit légitimement appartenir à l'Angleterre, le capitaine Cook l'ayant découverte en 1774, et en ayant pris possession au nom du roi Georges III. A ce titre l'Amérique presque tout entière appartiendrait encore légitimement aux Espagnols, les Indes aux Portugais, et les États-Unis à l'Angleterre. Il y a quelques années, il se fût élevé sans doute à ce sujet, dans le parlement anglais ou dans les assemblées radicales du gouvernement australien, une de ces polémiques bruyantes qui eussent été le pendant de la trop célèbre affaire Pritchard; mais, grâce à l'entente cordiale qui unit en ce moment l'Angleterre et la France, cette polémique hors de saison s'est bien vite éteinte, et l'occupation de la Nouvelle-Calédonie est désormais acceptée par nos voisins comme un fait accompli.

Documents officiels.

Voici la copie des procès-verbaux de la prise de possession de la Nouvelle-Calédonie et de l'île des Pins, en date des 24 et 29 septembre 1853 :

« Ce jourd'hui, samedi 24 septembre 1853, à trois heures de l'après-midi,

« Je soussigné, Aug. Febvrier-Despointes, contre-amiral, commandant en chef les forces navales françaises dans la mer Pacifique, agissant d'après les ordres de mon gouvernement, déclare prendre possession de l'île de la Nouvelle-Calédonie et de ses dépendances au nom de S. M. Napoléon III, empereur des Français.

« En conséquence, le pavillon français est arboré sur ladite île (Nouvelle-Calédonie), qui, à partir de ce jour, 24 septembre 1853, devient, ainsi que ses dépendances, colonie française.

« Ladite prise de possession est faite en présence de MM. les officiers de la corvette à vapeur *le Phoque* et de MM. les missionnaires français, qui ont signé avec nous.

« Fait à terre, au lieu de Balade (Nouvelle-Calédonie), les heure, jour, mois et an que dessus.

« Ont signé : E. de Bovis, L. Candeau, A. Barazer, Rougeyron, Forestier, J. Vigouroux, A. Cany, Muller, Butteaud, Mallet, L. Dépériers, A. Amet, L. de Marcé, le contre-amiral Febvrier-Despointes. »

« Ce jourd'hui, jeudi 29 septembre 1853.

« Je soussigné, Aug. Febvrier-Despointes, contre-amiral, commandant en chef les forces navales françaises dans la mer Pacifique, agissant d'après les ordres de mon gouvernement, déclare prendre possession de l'île des Pins au nom de S. M. Napoléon III, empereur des Français.

« En conséquence, le pavillon français est arboré sur ladite île des Pins, qui, à compter de ce jour, 29 septembre 1853, devient, ainsi que ses dépendances, colonie française.

« L'île continuera à être gouvernée par son chef, qui relèvera directement de l'autorité française.

« Ladite prise de possession faite en présence de MM. les missionnaires français, des officiers du *Phoque* et du chef Ven-de-Gon, qui ont signé avec nous.

« Fait à terre, en double expédition, les jours, mois et an que dessus.

« Ont signé : E. de Bovis, A. Barazer, L. Candeau, A. Cany, L. Dépériers, Mallet, Muller, Chapuy, Goujon, A. Gellé, A. Amet, le chef de l'île, V. X., le contre-amiral, commandant en chef, Febvrier-Despointes. »

Deux nouveaux rapports du contre-amiral Febvrier Despointes, commandant la station de l'océan Pacifique, sont parvenus tout récemment au ministre de la marine et des colonies et fournissent, au sujet de notre possession de la Nouvelle-Calédonie, des informations d'un grand intérêt. Voici les parties les plus saillantes de ces rapports officiels :

« Au village de Balade, le 5 décembre 1853.

« Après avoir expédié le navire américain *le John Millay*, qui va prendre un chargement de vivres à Sydney, je m'occupai immédiatement de rechercher un mouillage sûr pour les bâtiments qui seront obligés de stationner dans le nord de l'île pendant l'hivernage. En conséquence, obligé de rester avec *le Phoque* devant Balade, afin de surveiller la construction d'un blockhaus assez fort pour résister à toute attaque de la part des naturels, j'envoyai un canot pourvu de vivres et armé en guerre visiter l'entrée de la rivière du Diahot, et voir si, dans ces parages, je pourrais, en toute sécurité, laisser hiverner mes bâtiments. Cette reconnaissance a été couronnée d'un succès auquel j'étais loin de m'attendre. A l'embouchure même de la rivière et à la distance de douze milles, au nord-ouest du mouillage de Balade, il me fut rendu compte qu'une baie, dont le fond était tout de vase, m'offrait toutes les garanties que je désirais.

« L'arrivée du *Prony*, qui vint me rejoindre, le 30 octobre, doubla le nombre de mes ouvriers et me permit, en lui laissant tous les travailleurs du *Phoque*, d'aller juger par moi-même du mouillage qui m'avait été signalé.

« La baie de Diahot est formée, d'une part, par les hautes terres de la Nouvelle-Calédonie, et de l'autre, par une île d'une assez grande étendue, dont les sommets élevés l'abritent des vents d'ouest et de sud-ouest. La mer, qui vient du large, y est toujours brisée par la ceinture de coraux qui environne l'île de Boulabio (Balabea) et par un banc de sable fermant la baie dans la direction du nord. Je juge cette découverte d'autant plus précieuse que j'y vois un port à cheval sur la passe de l'est et du nord-ouest; une rivière arrosant de vastes plaines susceptibles de recevoir toute espèce de culture et navigable pour les plus fortes embarcations jusqu'à Bondé, village situé à plus de dix lieues dans l'intérieur.

« A l'embouchure du Diahot, il existe un banc

tout de vase sur lequel on ne trouve pas moins de trois mètres et demi d'eau à mer basse. Cette barre n'offre aucun danger, puisqu'elle est de vase très-molle et qu'elle ne brise jamais. Je consacrai quinze jours, non-seulement à lever le plan de cette rade, mais encore à pousser mes travaux hydrographiques jusqu'à six milles dans la rivière. Les fonds qu'on a trouvés, une fois la barre d'entrée franchie, n'ayant jamais été à moins de sept mètres, je pense qu'avec de faibles efforts, et surtout l'emploi d'une cure molle, on établirait facilement un chenal pour les grands bâtiments.

« Obligé de tout faire exécuter avec mes propres ressources, je suis étonné d'avoir pu tant faire avec si peu de moyens. Officiers et matelots ont rivalisé de zèle et de dévouement. Pas un murmure, pas une infraction à la discipline ; parmi les équipages des deux bâtiments occupés à terre, chacun y apportait une bonne volonté à toute épreuve. C'était vraiment admirable de voir nos marins former un atelier de travaux de tout genre, et, sur ce terrain naguère si désert, s'élever subitement des briqueteries, des fours à chaux, des scieries et des forges ; les murs et les charpentes sortir, comme par enchantement, de la main habile, quoique novice, de nos matelots.

« Je ne dois pas non plus omettre de dire à Votre Excellence que j'ai trouvé dans le concours des pères missionnaires des ressources inespérées. Tout ce que la mission possédait a été mis à ma disposition ; cela m'a permis, avec le peu que nous possédions déjà à bord des bâtiments, d'utiliser des terrains et de nous procurer des bois de construction indispensables à nos travaux. Le R. P. Rougeyron, qui remplace ici provisoirement Mgr d'Amata, a été pour moi du plus grand secours dans cette circonstance. Sa conduite, pleine de dévouement et de patriotisme, mérite bien de fixer l'attention du gouvernement.

« Dès à présent, je puis annoncer avec plaisir à Votre Excellence que le blockhaus est presque totalement terminé. Construit entièrement en pierres et en briques, il peut facilement résister à toute attaque de la part des naturels. Ses créneaux défendent un magasin que je fais construire, pouvant contenir un an de nourriture pour six cents hommes, et le haut de cet établissement sera une caserne crénelée, dont le feu, avec celui du blockhaus, en rendra toutes les approches inexpugnables. Une vaste plaine située entre les deux rivières, également dominée et défendue par ces deux fortifications, sera très-propice pour contenir un troupeau à l'usage de la garnison.

« Désirant achever ces travaux avant la mauvaise saison, dont les approches se font déjà sentir, je viens d'expédier *le Phoque* à l'île des Pins. Il y prendra les planches que la mission consent à me céder, et en même temps me rapportera des arbres qu'il doit abattre lui-même. J'ai limité à huit jours la durée de son absence.

« Par ce que j'ai vu, par les travaux forcés que j'ai exécutés et qui ne nous ont pas donné un seul malade, je ne puis douter que le pays ne soit très-sain. Quant aux vastes plaines qui y existent et aux rivières nombreuses qui les sillonnent, à mon point de vue, cette colonisation dans ces mers ne peut offrir que des avantages réels au gouvernement. L'opinion des missionnaires est que l'île doit renfermer des minerais très-précieux. Ce que je puis personnellement affirmer, c'est que j'ai rencontré partout du fer, un peu de cuivre, du cristal de roche et du porphyre, tout cela sans fouiller et à la surface de la terre. »

« Balade, le 30 décembre 1853.

« *Le Catinat* a mouillé sur la rade de Balade le 7 de ce mois. Dès le lendemain, j'ai pu employer une partie de son équipage à renforcer mes travailleurs.

« *Le Phoque*, suivant mes instructions, est arrivé le 12, m'apportant de l'île des Pins un chargement de bois qui n'a nécessité aucun déboursé, et qui m'a permis de donner plus d'activité à mes travaux.

« Ma présence n'étant plus nécessaire ici, je pars demain, 31 décembre, sur la corvette à vapeur *le Catinat*, en laissant le blockhaus entièrement terminé, le petit magasin susceptible de recevoir cent tonneaux de vivres, le grand avec les matériaux nécessaires pour sa construction; *le Prony* mouillé sur la rade de Diahot, et par conséquent en communication avec les hommes chargés de la défense du poste fortifié de Balade.

« Je me propose, monsieur le ministre, d'adresser à Votre Excellence, dès mon arrivée à la côte d'Amérique, quelques notes et observations plus complètes sur la Nouvelle-Calédonie. »

CONCLUSION.

En attendant une organisation complète et le développement dont notre établissement dans la Nouvelle-Calédonie est susceptible, le gouvernement français vient de centraliser, sous un commandement unique, les possessions françaises de l'Océanie. Par décret en date du 22 mars dernier, rendu sur le rapport du ministre de la marine et des colonies, M. le capitaine de vaisseau Dubouzet a été nommé gouverneur des établissements français et commandant de la subdivision navale de l'Océanie, en remplacement de M. le capitaine de vaisseau Page, qui a maintenant accompli son temps de commandement. Ce décret est accompagné d'une note semi-officielle qui complète la pensée du gouvernement et peut servir de conclusion à notre travail :

« La prise de possession de la Nouvelle-Calédonie a eu pour but d'assurer à la France, dans l'océan Pacifique, la position que réclamaient les intérêts de sa marine militaire et commerciale, et les vues du gouvernement sur le régime pénitentiaire, position que ne lui donnaient ni l'occupation du petit archipel des Marquises ni le protectorat des îles de la Société. Les Marquises, que la loi du 8 juin 1850 a désignées comme lieu de déportation politique, n'ont ni l'étendue, ni la fertilité, ni la situation géographique qui constituent les conditions indispensables à la création sérieuse d'un grand établissement maritime et colonial. A Taïti, ces conditions ne se rencontrent que très-incomplétement, malgré les avantages incontestables du port et du climat, et on sait, d'ailleurs, que la France n'exerce pas sur cette île les droits de la souveraineté.

« Aujourd'hui que la Nouvelle-Calédonie appartient à la France, et que nous avons ainsi, pour un prochain avenir, un excellent point d'appui et une large base d'opérations dans des mers déjà devenues une route commerciale très-fréquentée par tous les pavillons, la sagesse conseille de n'apporter aucune précipitation dans les mesures qui seront successivement la conséquence de l'annexion de cette terre au domaine colonial de l'empire. Les premiers rapports parvenus au ministre de la marine depuis la prise de possession ne le mettent point encore à portée de soumettre à l'Empereur des propositions effectives, soit pour tirer parti des ressources agricoles et minérales de notre nouvel établissement, soit pour y jeter les premiers fondements d'un pénitencier. Le seul point urgent, c'est de régler, d'après la situation nouvelle, le mode de commandement de nos possessions actuelles en Océanie, afin d'y constituer dès le début une direction simple et forte et une action efficace, sous l'impulsion centrale du gouvernement, qui, pour des intérêts si lointains, ne saurait intervenir que par voie d'instructions générales.

« Ces possessions se composent maintenant de trois groupes fort distants entre eux. La Nouvelle-Calédonie est à 800 lieues de Taïti et des Marquises. Taïti et les Marquises sont séparés par un intervalle de 200 lieues; les îles Pomoton, auxquelles s'étend le protectorat de Taïti, sont à une centaine de lieues de cette dernière île. Cependant, ces distances, dans les immenses régions de l'océan Pacifique, ne constituent pas un éloignement comparable à celui qu'elles formeraient dans d'autres mers.

« La marine, surtout depuis les grands progrès de la navigation à vapeur, change, sous ce rapport, tous les anciens termes de comparaison. Il suffit, pour le comprendre, de songer qu'en ce moment même deux lignes de communication se préparent à travers l'océan Pacifique, l'une, de la Californie au grand archipel d'Asie et aux mers de Chine, l'autre de Panama à l'Australie, et que ces lignes auront chacune plus de 2500 lieues marines de développement.

« L'espacement de nos possessions dans ces mers ne s'oppose donc pas à ce que le gouvernement des trois établissements soit organisé avec l'unité que réclament la similitude de leur position et l'analogie des intérêts que nous avons à y développer. Seulement, pour réaliser sérieusement cette concentration de l'autorité et de l'action dans les mains d'un seul chef, il faut que ce chef n'ait, quant à présent, de résidence fixe dans aucun des trois groupes ; qu'il soit représenté dans chacun d'eux par un chef secondaire, et qu'il ait à la fois, comme commandant supérieur, l'autorité à terre et la disposition des forces maritimes destinées à la protection des établissements. »

S. M. l'Empereur vient donc de décider, sur le rapport de M. le ministre de la marine, exposant les considérations qui précèdent, que la Nouvelle-Calédonie, Taïti avec ses dépendances et les Marquises, seront placés sous l'autorité d'un gouverneur commandant la station et ayant sous ses ordres, dans chacun de ces établissements, des commandants particuliers. La station de l'Océanie formera une subdivision navale détachée, hormis le cas de guerre, de la station des mers du Sud et des côtes occidentales d'Amérique. Ces commandements seront confiés à des officiers de marine qui recevront, avec leur traitement ordinaire, des indemnités à peu près équivalentes aux allocations qui leur reviendraient comme commandants de bâtiments.

L'établissement des Marquises, qui a sa valeur, et que la loi du 8 juin 1850 affecte à un établissement pénitencier spécial, sera soumis à un système d'occupation pour ainsi dire nominale, et les frais de garde y seront réduits proportionnellement au degré d'importance du pénitencier, resté jusqu'à ce jour à peu près inoccupé. Un petit bâtiment y servira de stationnaire pour un petit poste militaire, et notre pavillon continuera de couvrir et de protéger la mission catholique qui a été fondée à Nouka-Hiva depuis quelques années par les courageux et persévérants apôtres de la congrégation du Saint-Cœur-de-Marie. Le personnel militaire qui sera retiré des Marquises servira pour les premiers temps à l'occupation de la Nouvelle-Calédonie.

A Taïti, le commandant particulier sera, comme commissaire du protectorat, le délégué habituel du gouverneur, qui remplira lui-même ces fonctions quand les diverses phases de son service multiple l'appelleront à résider à Papeïti.

Ces combinaisons joignent à l'avantage d'une bonne organisation hiérarchique celui de ne provoquer en ce moment aucune augmentation de dépense. Le ministre pourvoira jusqu'à nouvel ordre à tous les besoins nouveaux qui naissent de la prise de possession de la Nouvelle-Calédonie avec les crédits affectés jusqu'à ce jour à la seule occupation de Taïti et des Marquises.

Il est donc bien établi par la note du *Moniteur officiel* que jusqu'à présent les projets du gouvernement français ne vont pas au delà d'une station maritime et d'un établissement pénitentiaire. Les établissements ultérieurs et l'organisation de la colonie sont ajournés à l'époque où l'administration de la marine aura une plus libre disposition de ses ressources.

En attendant, la spéculation privée, qui devance presque toujours les grandes entreprises faites par l'État, a déjà jeté ses vues sur la Nouvelle-Calédonie. Il y a quelques mois, on signalait entre cet archipel et celui de la Nouvelle-Zélande l'existence d'une île basse où les baleiniers de ces parages jettent depuis de nombreuses années les déchets de leur pêche. Ces os de cétacés et les matières animales accumulées forment déjà un banc considérable, et il serait facile de les exploiter comme engrais. La puissance de cet engrais est, dit-on, plus considérable que celle du *guano* du Pérou, que de nombreux navires vont exploiter, et qui, depuis quelques années, commence à s'épuiser dans les mers du Sud. En attendant que la Nouvelle-Calédonie soit colonisée de manière à exporter quelques produits en échange des importations que nécessite notre prise de possession, les navires au retour pourraient peut-être diminuer leurs frais au moyen d'un chargement de ces nouveaux engrais.

D'autres spéculateurs, se fondant sur la similitude des terrains de la Nouvelle-Calédonie avec ceux de la Nouvelle-Hollande et sur les données de la science métallurgique, confirmées par quelques expériences, ont conclu que la région montagneuse de la Nouvelle-Calédonie renfermait des gisements aurifères aussi riches que ceux de l'Australie. Tant pis si cette espérance se réalise! La recherche de l'or n'a jamais fait la richesse d'une nation ni la prospérité de ses colonies; c'est là un principe d'économie politique consacré par l'expérience de plusieurs siècles. On sait ce que sont devenus ces *Eldorados* trompeurs qui, depuis la découverte de l'Amérique, ont excité la convoitise des aventuriers et détourné tant de bras et d'intelligences des voies actives et fécondes de la production. La fièvre de l'or, chez un peuple, n'est pas un symptôme de progrès, mais de décadence. Puisse cette colonie nouvelle, dont la France vient de s'enrichir, ne pas ouvrir une arène nouvelle à la cupidité des chercheurs d'or; puissent les flancs de ses montagnes et le sable de ses rivières ne pas renfermer ce métal jaune qui fait courber les fronts vers la terre!

Faisons des vœux, au contraire, pour que la Nouvelle-Calédonie et les archipels qui l'entourent deviennent avec le temps des colonies agricoles et commerciales qui ouvrent à notre industrie toujours croissante des débouchés nouveaux dans les mers du Sud. Ce système, qui a fait la grandeur des colonies de la Grande-Bretagne, est non-seulement le meilleur en principe, mais aussi le plus conforme aux intérêts des indigènes, des colons à venir et du gouvernement français.

FIN.

TABLE DES MATIÈRES.

Avant-propos..................................... Page 1

PREMIÈRE PARTIE. — VOYAGES.

CHAP. I. VOYAGE DE COOK ET DE FORSTER. (1774.)

Découverte de la Nouvelle-Calédonie................... 1
Séjour du capitaine Cook au havre de Balade............ 3
Explorations de G. Forster............................. 6
Explorations de Pickersgill........................... 15
Départ de Cook.. 16
Découverte de l'île des Pins.......................... 18

CHAP. II. VOYAGE DE D'ENTRECASTEAUX ET DE LA BILLARDIÈRE (1791-1793)

Départ de La Pérouse.................................. 21
Expédition à la recherche de La Pérouse............... 23
Reconnaissance de la côte occidentale de la Nouvelle-Calédonie.. 25
Exploration de la Nouvelle-Calédonie par La Billardière. 30
Mort des deux commandants de l'expédition............. 40

CHAP. III. EXPLORATIONS RÉCENTES DE L'ARCHIPEL CALÉDONIEN.

Voyages de Dumont d'Urville........................... 42
Reconnaissance des îles Loyalty....................... 44

DEUXIÈME PARTIE. — MISSIONS.

CHAP. 1. MISSIONS CATHOLIQUES.

I. Vicariat apostolique de la Nouvelle-Calédonie...... 59
Station du *Bucéphale* à Balade....................... 61
Une nuit chez les sauvages............................ 65
Établissement de la mission française................. 68
Annales de la mission................................. 71
Station du *Rhin* à Balade............................ 83

316 TABLE DES MATIÈRES.

Incidents et anecdotes............................	85
Épreuves de la mission..........................	92
Martyre de Mgr Épalle, évêque de Sion................	95
La traite des Océaniens..........................	98
Naufrage de *la Seine*............................	102
Les chefs calédoniens : Bouénone et Bouarate...........	105
Expulsion des missionnaires........................	113
Voyage de *l'Arche-d'Alliance*......................	133
Les chefs des îles Loyalty : Wainekeï, Nekelo et Jukia....	135
Mission catholique de l'île des Pins..................	144
Nouvelles croisades apostoliques de Mgr d'Amata.........	151
Expédition de *l'Alcmène*; deux officiers et douze matelots français dévorés par les sauvages..................	164
Mort de Mgr d'Amata.............................	273

CHAP. II. MISSIONS PROTESTANTES.

Caractère particulier des missions protestantes...........	179
Voyage du navire *John William*. — Un temple chrétien élevé dans le désert................................	183
Le christianisme substitué au paganisme................	186
Célébration du dimanche à Maré.....................	189
Impuissance des armes charnelles contre la parole de Dieu.	192
Comparaison entre le passé et le présent................	195
Témoignage de reconnaissance.......................	196
Nine, ou l'île Sauvage.............................	197
Caractère des indigènes............................	199
Motifs d'encouragement pour poursuivre l'œuvre commencée.......................................	200
Craintes superstitieuses des païens....................	201
Usages particuliers................................	202
Conclusion......................................	204

TROISIÈME PARTIE. — PRODUCTIONS NATURELLES DE LA NOUVELLE-CALÉDONIE. — MŒURS ET INSTITUTIONS. — COLONISATION.

CHAP. I. PRODUCTIONS NATURELLES DE LA NOUVELLE-CALÉDONIE.

Faune calédonienne...............................	207

Flore calédonienne.................................... 212
Productions minéralogiques............................ 218

CHAP. II. MOEURS ET INSTITUTIONS.

Contradictions entre les récits des divers voyageurs; origine des Nouveaux-Calédoniens........................ 221
Religion calédonienne................................. 226
État des personnes.................................... 239
État des propriétés; cultures diverses................ 241
Guerres fréquentes.................................... 244
Condition des femmes et des enfants................... 248
Mariages.. 251
Maladies.. 253
Funérailles... 256
Divertissements....................................... 260
Costumes.. 263
Arts manuels.. 265

CHAP. III. COLONISATION DE LA NOUVELLE-CALÉDONIE.

Plan de colonisation du P. Paulmier (1665)............ 270
Société de commerce de l'Océanie...................... 278
Études et projets de colonisation..................... 282
Prise de possession de la Nouvelle-Calédonie.......... 295
Documents officiels................................... 299

Conclusion.. 307

FIN DE LA TABLE

TYPOGRAPHIE DE CH. LAHURE
Imprimeur du Sénat et de la Cour de Cassation
rue de Vaugirard, 9.

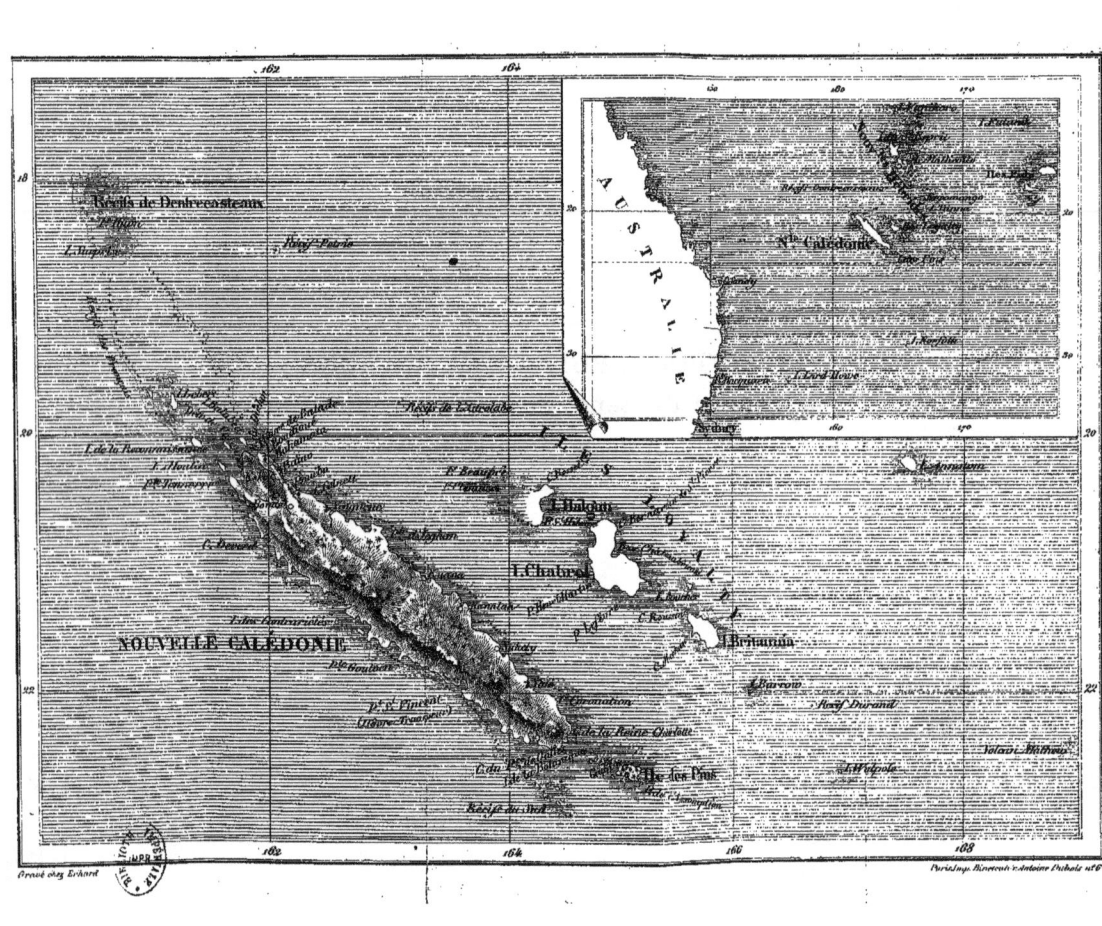

www.ingramcontent.com/pod-product-compliance
Lightning Source LLC
Chambersburg PA
CBHW060629170426
43199CB00012B/1485